以為無人傾聽的她們

◎吳曉樂——主編／採訪　◎胡淑雯、張嘉真、徐珮芬、
鄧九雲、陳宜倩、吳燕秋、梁秋虹、烏烏醫師——著

目次

導讀——一切，都是因為不甘心……

吳曉樂（作家／本書主編）

為什麼會有這本文集？我想，沒有什麼比「不甘心」更能表達我內心最深的情緒。二〇二三年，游擊文化出版社社長婀妤，買下《她們的選擇》（*Choice Words : Writers on Abortion*）繁中版權，此書主編安妮・芬奇（Annie Finch）蒐羅了上百篇以「人工流產」為主題的文本，時長橫跨數世紀。婀妤打算製作一本繁中版的「別冊」，為此，她徵詢我的意見。當下，我的反應是：務必收錄胡淑雯二〇〇六年的〈墮胎者〉。此後，我再也想不起如〈墮胎者〉這般，以墮胎為骨幹的文本。我又是震驚，又是挫折。台灣一年以藥物、手術來拿掉胚胎的女性，根據不同的統計方法，數字從三萬到十來萬不等，不乏實務工作者主張更高的數字。若往前追溯到一九八九年，我出生的那年算起，三十幾年間，該是有數十萬人、說不定上百萬人接受了墮胎的醫療介入。為什麼我們卻很少在藝術裡找到以墮胎為起始的抒發呢？我不認為「禁忌」是個完整的解釋，因眾多藝術濫觴於禁忌，人們不好在日常宣之於口，索性繞過現實，尋找另一種訴諸情感、想像的表達型態。又，若「禁忌」不足交代藝術的缺位，我們手邊還有什麼解釋的路徑？我暫擱了這個問題，轉頭問姵妤，如果我們做的不僅僅是蒐羅，而是模仿《百年孤寂》的經典開頭，既然很多事物還沒有名字，何妨我們「用手去指」呢？不過，這個指事的工程必然浩大，只有我們幾個人，恐怕是寂寞、無趣了些。我們很快地就決定要邀請幾位藝術家加入。徐珮芬、鄧九雲與張嘉真過往的作品，既精準地捕捉到某種曲折的陰性感受，有時也徐徐剖開女人在平靜外貌底下，隨時要傾湧而出的喧囂。三位藝術家答應的當下，也坦白說出她們從前對墮胎的一些感受與斟酌。這樣的迴響，對於手中僅握著一顆無名的種子、不知其未來樣貌的我們來說，如雪中送炭。

如各位所見，這本書也收錄了兩篇學術的聲音。分別是陳宜倩教授的〈台灣還有墮胎罪，怎麼可能！〉、梁秋虹教授的〈無差別格鬥派的愛情：吳燕秋與台灣婦女墮胎百年史〉。我就讀台大法律系那幾年，學到了《刑法》第二十四章墮胎罪，主要保護法益是胎兒的生命。但胎兒生命權的保護範圍並非絕對，《優生保健法》第九條第一項即規定了墮胎的法定阻卻違法事由，若懷孕婦女符合該規定所列舉的六款事由之一，她就能「合法地」進行人工流產。二十歲的我，並未質疑這樣的規定：立法者設計了「網開一面」的餘地，沒什麼好挑剔。幾年前，我對女性主義的歷史萌生了興趣，研究西蒙波娃的生平時，我注意到她撰寫的三四三宣言（manifeste des 343）。此宣言於一九七一年四月五日刊載於《新觀察家》（*Le Nouvel Obs*）雜誌，計有三百四十三位女性簽署，內容如下：

「每年有一百萬名婦女在法國墮胎。她們受於壓迫，不得不保密、在危險的情況下進行（墮胎）。然而，如有醫療監督，（墮胎）是其中一種最簡單的醫療程序。社會正要求這數以百萬計的婦女沉默。我宣布我是其中一分子。我宣布，我曾經墮胎。正如我們要求免費獲得避孕用品，我們要求墮胎的自由。」

這三百四十三位女性，包括法國新浪潮教母安妮·華達（Agnès Varda）、以及《情人》、《廣島之戀》作者瑪格麗特·莒哈絲（Marguerite Duras）。以當時的法國法律，墮胎屬於刑事「犯罪」，這樣的「我宣布」無疑是讓自己置身被起訴、審判的風險。這個宣言還有另一個名字，蕩婦宣言。法國著名政治諷刺雜誌《查理周刊》（*Charlie Hebdo*）刊出了漫畫家卡比（Cabu）的諷刺漫畫，並提問「誰令這三百四十三位蕩婦懷孕」[1]？

三四三宣言，或蕩婦宣言，提供我兩個刺激。一是，理直氣壯地要求墮胎的自由。二是，人們一談到墮胎，往往止步於聯想到這是胎兒生命權與婦女生育自主權的衝突。但若我們把視線從天秤兩端移開，隨意一擱，也許就目睹輕易從這審判掙脫的男性。中國當代作家盛可以著有《子宮》一書——「一切道德的、生育的、痛苦的責任由誰來承擔，完全取決於誰是子宮攜帶者。男人和女人同時在獲取感官享樂，然而僅僅因為子宮的緣故，男人逍遙法外，女人困在網中」。

二〇二四年十月二十九日，這本書稍微浮出輪廓時，法務部突然預告修正《刑法》墮胎罪，包括提高罰金，引發譁然。婦女新知基金會十一月一日發起抗議法務部此舉的連署，五天內有四四〇三位個人（包含約八十位學者）參與。法務部於十一月五日公告撤回預告的刑法修正草案。那幾日，我看著新聞，冷不防想起二十歲坐在台下諦聽教授講解構成要件的自己，不知不覺我涉過了大川，來到二十歲不能明白的彼岸。我在陳宜倩教授的文字裡，嘗到一點篳路藍縷的苦，也得到一些後人乘涼的安慰。

1 註：二〇一五年一月七日，《查理周刊》遭遇恐怖攻擊，包括卡比等多位漫畫家死於這場襲擊。

再來是歷史，先從我的個人史說起，一說到墮胎，我有兩個記憶，一個很淡，一個稠得稀釋不了。在我約莫七、八歲，身邊有兩個大人低聲聊天，一人說，「那個誰啊，懷孕了，但拿掉了」。另一人說，「那也沒辦法，他們現在的條件養不起」。我想不起到底是哪兩位親戚在說話，他們口中的主角也因此查無此人。早在我學到資訊不對稱這個詞時，我就已從大人的身上學到，身邊存在著眾多小孩子打不開的大門，偶爾大門會微微敞亮，讓小孩子就著門縫瞧上一眼。我從兩位大人神祕鬼祟地說話，就明白「拿掉孩子」是一件暫時不對我開放的世界。第二個記憶是，二十五、六歲時，我跟朋友小明去算命，算命是小明的主意，她那幾個月工作跟愛情都禍不單行，我純粹陪著她。我那天跟小明在小圓椅上等了好久，好不容易叫到小明的號碼，跟看診沒兩樣。算命師目測約五十歲上下，男性，膚色黝黑，不像是長期坐在室內的人。前面十幾分鐘，算命師以小明的出生年月日、時辰，排列了些什麼，也問小明主要想「算」什麼，總之都是平常人去算命會被問到的問題。突然算命師眉一皺，他伸手，示意小明湊近一些，算命師在小明的耳邊窸窣說了幾句，小明的臉發白了。她頓了幾秒，困難地點了點頭，算命師換上一個眼神，從我的角度看，那眼神既有審判，也有種說不上來的得意。他說，「找時間去處理一下，不然這件事會給你帶來厄運」。後來算命師又叮囑了小明一些，何年何月該提防什麼、看見什麼要認真把握的指示。我的心思停擱在那幾秒鐘的互動。臨走前，算命師再次煞有其事地提醒，「記得去處理」。走沒幾步遠，小明自己說了，算命師問她「有沒有拿過孩子」。我問小明，那要處理嗎？小明說，「要」。我放棄追問，小明看起來十分痛苦。之後，很長一段時間，小明都在責怪自己。她說，原來是自己辜負了那個小小的靈魂，她的口吻頗有「罪有應得」的內疚。

我編輯這個文集時，兩個回憶產生了交織，顯影出對比：兒時的我，意外聽到的「拿掉孩子」的故事，語調是悲傷的，但那悲傷的背後有幾許「不然又能怎麼樣呢」的無奈，或云寬諒。算命師見著小明，顯然採取了另一種詮釋的方法。在這幾年間，幾位女朋友告訴我，她們找人算命，也遇見「有沒有拿過孩子」的問題，其中有人並未墮胎。我不禁揣度，是否又回到最初的命題？若拿掉孩子並不是多麼稀罕的事，偏偏又是不好啟齒的祕密，究竟「靈」的是什麼？是玄學？還是社會學科與心理學的實用？在我琢磨這個問題時，讀到了吳燕秋博士的論文，我的疑猜原來早有嚴謹的學術佐證，嬰靈信仰不僅是一種新興的宗教「商機」，更危險的是易被有心人利用，形成壓迫女性精神的工具。我迫不及待想聯絡吳燕秋博士，卻被告知吳燕秋博士於二〇二三年十一月五日病逝。我們懷著惆悵的情緒，向其他兩位學者探詢合作的意願，兩位學者們不約而同地再次提到吳燕秋博士的名字，說她是最適宜的人選，可惜斯人已逝。在我一籌莫展，考慮要放棄這題時，中研院社會所副研究員曾凡慈建議我寄信給中研院歷史語言研究所所長李貞德，所長說不定願意指點迷津。李貞德二〇〇一年出版《公主之死》，是我初研女性史的啟蒙，寄信給李貞德所長時，我內心忐忑不安，讓我大喜過望的是，所長不但回了信，還提供了三個解方。我們採取了第二個，也就是邀請新秀學者，參考吳燕秋博士的論文另寫一篇。在此之前，得先取得吳燕秋博士家屬的授權。感謝吳燕秋博士的伴侶依瑪貓成全了此事，她也在李貞德所長建議的學者名單裡，點出了梁秋虹教授，「她跟吳燕秋博士是舊識」。梁教授即使工作繁重，仍應允了這份工作。與梁秋虹教授幾回書信往返、視訊會議，都能感覺到梁秋虹教授珍視故友的心情。我們詢問梁教授有沒有打算就兩人的情誼擬寫一篇?梁教授沒有確切答覆。途中,梁教授接受了一場談不上簡單的手術。在梁教授術後靜養的日子,我們竟意外收到她寄來〈無差別格鬥派的愛情:吳燕秋與台灣婦女墮胎百年史〉一文。

我執意要收錄歷史的分析,來自我對小明的情誼,想悄悄告訴她,命運的詮釋有很多種,我想送給她,讓她原諒自己的那一種。

走了這麼一大圈,終點又回到了女人之間的情誼。

我不認為是巧合。

眼見文集有了骨架,我再次徵詢姵妤的意見,如果我們不僅僅是收錄創作，也去蒐集有人工流產經驗的對象的故事呢？就像吳燕秋博士完成的口述史，我們是否也能給後人留下一些念想，讓我們在斟酌天秤兩端時，意識到生育自主這個單一「權利」的背後，反映著怎樣複雜、殊異的生命情態？二〇二四年年底，我們在曾從事民意調查與研究多年的崔含葦協助下，設計了問卷，並在社群上向大眾發出邀請。考慮到題目的特性，我們估計不會找到太多自願受訪的人。結果遠出乎我的意料，不到十天，我們回收到兩百多份問卷。我們當然想留藏每一個人的聲音，但資源的門檻注定了我們必然有所取捨。經過幾次的會議，預計採訪十四位，順利聯絡上的有十三位。

最後，我以為我有必要事前做出一些聲明。我本人不具有人工流產的經驗。即使我近年對「身分政治」這個大單元抱持諸多困惑跟躊躇，且，作為一位文字創作者，我偶爾這樣執行我的工作：透過敘事的「嫁接」，讓生長於不同基壤的個體，在精神上發展出同情共感的願意。但，這一回，我久違地有了顧忌：我有資格轉述這些人嗎？實際走入採訪，我拋下了這層顧慮，我屢屢從受訪者身上感受到，採訪她們的同時，我亦深受觸動與啟發。就像氣候與樹木的年輪，後來的讀者們無從親睹陽光雨水怎生行經，但我期待你們從訪稿的紋理與質地，看見她們曾坐在我眼前，全神貫注地說出她們的人生。

※編按：關於「以人工方式終止妊娠」此一行為的用語，歷來稱呼多樣，如人工流產、終止妊娠、墮胎、打胎、拿小孩、夾娃娃等。因本書各位作者與受訪者所處時空背景、文化不同，表達的語境和目的亦異，故我們選擇不予統一，而是保留其原有用法，以呈現經驗的複雜與多樣性。

chapter 1 :

小說 | short story

Abortion Recipient

墮胎者

胡淑雯 | 作家

台北人，台大外文系畢業。著有短篇小說《哀豔是童年》、長篇小說《太陽的血是黑的》，主編並合著《無法送達的遺書》，記錄白色恐怖政治犯的遺書與家書。二〇一八至二〇二〇年間，與小說家駱以軍、童偉格、陳雪、黃崇凱、顏忠賢等出版短篇小說實驗集《字母會》，已出版 A 到 Z 共二十六冊。另與童偉格主編《讓過去成為此刻：台灣白色恐怖小說選》共四冊。

該要怎麼，對待一枚陰蒂呢？

首先，想像有一顆蛋，剛剛破殼，不用筷子戳弄，也不準備打成蛋花。

想像一個脫了殼的生蛋，像一只剛脫胎的卵，滑滑的膩在這世界某個粗糙的表面，捨不得離開。蛋白裹著蛋黃，被一層透明的蛋膜護著。

想像一根或幾根手指。舌頭、眼皮、或膝蓋。手腕、嘴脣、或臉頰。陰莖與陰囊，陰脣與乳房。各種器官與皮肉皆有資格，以任何方法取悅這顆蛋，唯獨絕對絕對不可以，扯裂了蛋膜。

怎麼碰都行，只要不把蛋膜弄破。

學會這樣使用力量，以之對待陰蒂。

要招惹一枚陰蒂，惹得她狂喜尖叫著要炸開了，就該這樣。

以近似於無的力量。

近於無的，所有力量。

1

該要怎麼，拿掉一個小孩呢？

首先要有能力想像，這即將剝離的並非一個生命，而是一份關係。

兩年前我曾拿掉一個小孩，今天，我要拿掉第二個。

兩年前那個，我叫它小雞心。小雞心是拓普的。

當我說，「它是拓普的」，意思是，「我篤定它是我的」。

它是拓普的小孩，意味著，只有我知道，它是拓普而不是別人的。

只有女的知道，於是落落大方以男子之名，指認血源。這大約是父系命名秩序的由來——男人施行命名的權力以確認親子關係，女人不必。女人對自己的母親身分太有把握了（以致連棄置都難），於是將姓名權讓給父親。這一讓，讓了幾千年。

拓普的孩子，我的小雞心。

小雞心從生到死，三十七天，不曾演化成一個性別。

2

小雞心成孕那次，正是，我與拓普的最後一次。

拓普是我的初戀，漫長的初戀，從十八歲到二十七歲，縱貫我全部的青春，簡直就是一輩子了。

時間不老，故能逼死青春。熱情像微沸的滾水，在時間的逼視底下燒個精光，焦乾了。炭化的戀人還來不及察覺，就已經墮落成夫妻，在深夜的電視機前睡著，像飛機上的陌生人，同寢共食，共用一間廁所，醒來各看各的報紙，不必互道早安，不接吻，所以也不急著刷牙。

一旦見證了時間的力量，聞到愛情衰朽腐敗的氣味，誰還能夠站在道德高地之上，譴責變心的人？替外遇者求情、說話，這是身為凡人的道德義務。

所以我怎能怪拓普愛上別人呢？儘管我哭哭罵罵、痛下詛咒、不吃不睡，勉強振作一段，又慌慌張張哭了起來，淚眼灼痛的昏睡過去，醒來繼續哭泣。

即使在最自憐的時刻，我依然知道拓普是可憐的。

他殺氣騰騰地恐嚇自己的陰莖，或低聲下氣的求它，「求你，求你站起來，進入我的女人，證明我對她的愛情。」他呼喚的已經不是情欲而是，情欲的剩餘，以意志鞭笞肉體，把激情（passion）這個字，逆著時間的向量推回，回到它的拉丁字根patior，成為「受難」。是的，我對拓普與拓普對我的愛，使我們受苦受難。

也不知是怎麼開始的（當我們開始追問一切是怎麼開始的，事情已經結束了），我們各睡各的，睡外面，睡別人。當拓普遇見她的時候，我正睡在另一張陌生的床上。當拓普留宿在她住處，我沒有阻止，因為我自己也潦草的睡過幾人，自以為這一切與愛無涉。

然而拓普比我幸運，他遇見的那個對他付出愛情。

3

該要怎麼，墮掉一個胎兒呢？

喝下摻了鉛的咖啡、磨成粉末的甲蟲？吞服水銀複合物，或是由水蛭、莪朮、紅花、虻蟲合成的「破血藥」?滾下樓梯?吸取其他女人的奶水?以棒針或拉直的衣架戳刺?朝隆起的肚子開一槍?還是,殺掉自己?

都說女醫生比較好,但我碰到的那個偏偏不怎麼好。她有潔癖,而且是一個母親。

我記得許久前一次小小的感染,她要我打針、吃藥、浸泡,把所有的內褲燒掉。

燒掉。她說的是燒掉而不是丟掉。彷彿「生病」這件事,是另一件該撲滅的惡疾。

「所有的?每一條?」我不但懷疑這有多浪費,也懷疑這可有必要。

「對,每一條。」她斬釘截鐵地說,「因為你無法確定自己是在哪裡、被什麼東西感染的，你的每一條內褲都可能受到汙染，都有嫌疑。」

診療還沒結束，她就當著我的面，嚴厲地搓洗手指，彷彿我是另一條帶菌的內褲。

她的臉上長著刻苦的黑斑，指甲深深的退縮著，陷進肉裡，展示著某種對秩序的依賴、對妝扮的拒絕。

她將兒女的照片放大，加框，四處擺掛，占據診間。

她不只是個母親，還是個家庭主義者。

我不相信她，私自赦免了幾條心愛的內褲，病還是好了。

4

驗孕的結果確認之後，小鬍子醫生竟然假惺惺地說，恭喜，你懷孕了。

彷彿他的診所是專門幫人接生而不是墮胎的。

我應該說「別假了，我是來墮胎的」，但是我沒有。我故作猶豫地，把聲音放低，說，我沒打算生下來。

醫生繼續裝傻，以此抵銷「執行者」的罪惡感，並且邀請我加入這場戲。

「你不再考慮一下？」（否定式問句。有助於保護羞恥心。）

我搖搖頭。（別開口說不，以免顯得太不知羞恥。）

「你結婚了嗎？」

「沒有。」

「想動手術？」

「嗯。」

「打算哪一天？」

「愈快愈好吧。」（愈快愈道德，不是嗎？趕在生命成形之前。）

「那就今天吧。」

「今天？今天我還沒準備好。」

「明天呢？」（這麼急好嗎？不會顯得太不道德嗎？）

突然間我就不想了，不想在這個人面前脫掉褲子、張開大腿、讓擴大器進來。於是我問：你有 RU-486 嗎？

「小姐，這個藥還沒核准哪。」

「放心，我不會說出去的。」

他讀著我的病歷，說，「我不能開單子給你，萬一出了問題，我不會承認給了你這個藥，你要自己負責。」

黑市價，六千五，跟手術一樣貴。

幹！趁火打劫——我把這句話從嘴邊拉了回來，吞進胃裡，小鬍子卻彷彿聽見我肚裡的回聲，幽幽地說，「要不是為了大家的需求，誰想冒這種風險啊？」一面問我幾歲幾公斤，一面計算著該給我多少前列腺素，「我們以價制量，也是為了避免造成鼓勵的效果。」

5

回想當時，之所以選擇 RU-486，一方面是出於人格中的犯罪傾向，更因為當時，身邊已沒了陪伴。今天，兩年後的今天，依然落單的我，坐在一輛計程車上，考慮著：要不要接受麻醉，動手術，在床上發出連自己也不懂的夢囈，於失血的夜色中獨自醒來？

我搭上的這輛車，是台北市千載難逢的、最老最龜的一輛車。被暴雨封鎖的車身裡面，有沉重如鉛的汽油味，潮濕的菸臭在椅墊裡生根，座椅裂得像生瘡的皮膚，其上的每一個瘡彷彿都在抱怨，抱怨天氣，抱怨運氣，抱怨景氣，抱怨為何連塑膠皮都會老化、長皮膚病。

世界在窗外融化了，安安靜靜。

窗內的司機同樣沉默異常，但是他所在的那個座位窸窸窣窣，吵鬧不休，堆擠著一個又一個忙碌的塑膠袋。他在這輛車裡待得比誰都久，幾乎是住在裡面了，以至於，整輛車彷彿從交通工具慢慢退化，化做一個破房間，他一面操作方向盤，一面剝殼吃花生，一派享受時間似的不把時間當時間。這是不挑車的好處，讓你思索不挑剔的結果，以及趕時間的目的。

整輛車彷彿中風未癒，一路抽搐，發出骨節錯位的噪音。連司機也像中過風似的，肩膀壓著腰身斜向左邊，腦袋又壓著肩膀斜向更左邊，以不到三十公里的時速，在汲汲營營的大馬路上，一路落後營生。

6

怎樣比較敗德？

在月經期間走進廟裡上香，還是，懷著一個非婚子（以致停經無血）？墮掉一個私胎，還是，拿掉丈夫的孩子？

我的姑姑老是說，她拿掉的那幾個孩子一定都是男的，「否則我生的怎麼都是女的呢？」

我姑姑結婚二十年，生了四個女兒，拿過四次小孩。無一不是她丈夫的。四十四歲再懷一胎，本想拿掉的，「年紀這麼大了還能生嗎？」轉頭想想又決定生下，「以前拿掉的既然都是男孩，這個打算拿掉的一定也是。」拚了，生了，老大都上大學了。生出來又是女的。

吞下 RU-486，子宮用力收縮，收縮，收縮，在腹中掀起暴動。痛死了。小鬍子沒有警告我，原來這檔事可以那麼痛。我記得自己痛得撞牆拋地板，痛得失去語言，只剩髒話，放肆呻吟。耗費了比痛更大的忍耐，沒有打電話向拓普哭救。我想我若不是太驕傲，就是太保護拓普了。

隔天，血還在盛大地流，我就走進廟裡拜拜、讀籤，旁觀塵世的香火。觀世音菩薩不是男的，我想祂不會責怪我。媽祖是個女的，祂會了解我的。

7

車太久，路太慢，雨下得又急又長。

怪司機旁的空位上，吃剩的便當溢出暖烘烘的餿味，一枝牙刷晾在一張疑似抹布的毛巾上。手排檔附近的凹槽裡，擺著一個鏽得足以殺人的爛鐵罐。

司機拿起罐子，遞到嘴邊……。我看見罐口的鐵鏽跟血一樣濃。

我以為他要仰頭，喝一口水。

但是不。

他收起下巴，朝罐裡吐一口痰，然後拿出檳榔，慢條斯理大嚼起來，再大大地呸一聲，將腥紅的檳榔汁吐進生鏽的鐵罐裡。

一種血的預感，引得我下腹一陣收縮。

我想說：運將，你想抽菸就抽吧，我也可以跟你抽一根哪。

但是時間已經到了。

已經到了。

時隔兩年，我再度光臨小鬍子診所。

8

報到之後，眼看還有得等，乾脆先去看看矮子店員，買一包衛生棉。

小鬍子診所位在巷口，便利商店窩在巷裡的第二個轉角，矮子家住基隆，每天騎機車來回台北，這台北還不是離基隆最近的松山，而是遙遠的萬華。問他怎麼還個離家這麼遠的工作，他說面試了幾十家，「只有這家肯用我啊」。

他是個侏儒，要站上倒扣的啤酒箱，才能打開收銀機。

兩年前見他一眼，我就發現：咦，你是不是拍過廣告？

他傻傻笑說：你看過喔。

對呀，我說，你演得很好。

他說他跟所有的業餘演員一樣矛盾，既渴望人家認出自己，一旦被認了出來，又覺得不好意思。

他在半年內拍了三支MV，三支廣告，以奇特的身型比例，表現新奇的華麗感。一種劇場式的、強烈的存在感。

然而他的演藝生涯一閃即逝，短暫得像不打雷的閃電，商業影像的「馬戲班怪奇」風潮一過，演出機會迅速歸零。他不見了，自電視螢幕消失，也從便利商店的櫃檯撤離。不見了，跟所有偶爾與我們擦身而過的畸形人一樣，消失了。

「請問，我有一個朋友，長得大概這麼高……」我把手壓低，壓在那藏著祕密的肚腹之上，「以前在這裡做過……」

「是小孩還是大人啊？」店員問。

「是個侏儒，」我說，「兩年前還在這裡的，不知道你認不認識？」

「男的女的？」

「男的。」

「沒印象喔。這裡半年前改裝，換了一批人喔。」

「所以你沒見過他？」

「沒印象耶。」店員搖搖頭，問我，「要用紙袋包起來嗎？」

衛生棉要包起來嗎？

謝謝，不用。

9

這幾年，怪物般的畸零人好像愈來愈罕見了。他們是被藏了起來？還是，造物者對於製造怪物已經不感興趣？

會不會，他們都被墮掉了？經由科學的透視、篩檢，在育成之前一一剔除。

於今，怪物彷彿都生在中國。雪人，鼠人，魚尾人，沒有臉的人。報紙的奇聞異事版上，有吃玻璃的、嚼燈泡的、以煤渣作主食的鄉下人。還有一個瓦斯人，一次喝下五公升的瓦斯，再反芻回吐，在自己嘴邊點火，還能把肉烤熟。

我讀著這些沒有照片，無憑無據的故事，想像牙齒咬碎燈泡的聲音、胃裡分泌的腐蝕性強酸。一張又一張鋼鐵般堅固的嘴，嚼食著不可吃的工業廢物。不可思議的胃，消化著那些不可消化的。新聞倒退或進化成傳說，化做飢餓的象徵。

窮能生怪，富也能生怪。日本人趁著西瓜年幼的時候，將它置入方形的容器中，投入大量的人工照顧，製造完美的畸胎。方形的西瓜，方形的哈密瓜，等比縮小一半的小玉西瓜，葡萄般大小的一口蘋果。甜美工整而昂貴的，受寵的畸形兒。

10

我的小雞心有點倔強，不是墮了就落的。

血流超過一個禮拜，下腹微微抽痛不止，打電話給小鬍子，他說，「再觀察幾天，血應該就快停了。」

再兩天、三天、又過了一個禮拜，血並不停止。細細小小、荒涼淡漠，像一條發炎的小溪。

再度找上小鬍子做了內診，原來是「卡住了，沒排出來，子宮繼續反應繼續收縮，想要把事情做完，血才會流個不停……」他用鑷子夾出一團血汙，扔進垃圾桶，「好啦，處理掉了，」呼一口氣說，「好險，再拖幾天，搞不好變成敗血症。」

放下雙腳，退下診台，穿上內褲，拉起裙子，我忍不住彎進垃圾桶，翻尋那一團血汙。

小小一塊，像雞心，只能用兩根手指捏起來，三根就嫌太多，放進掌心又嫌太親密太傷感了。紅通通的帶著血膜，有肉，還有骨頭。
骨肉。骨肉。這個詞，原來並不是形而上的。
你終究讓我看見了你，索討了一個名字：小雞心。

11

假如你愛兩個人……
一個是老情人，一個是新戀人。你以年輕人的熱切愛著新的那個，張大眼睛挺著陰莖漲滿欲望地愛著他，同時對另一個，舊的那個，閉著眼睛軟著心腸抱得緊緊的，像抱著一個心愛的小孩。那麼恭喜你，歡迎光臨「拓普情境」，Topo's situation。
沒錯，拓普就是那個腳踏兩條船的，劈腿族。不到最後一刻，不跟任何一個說分手。

然而我跟他是注定要失敗的，因為我們還不夠蒼老到，能夠，將愛情安頓在無欲的親人之愛當中。

當一對愛人不再做愛，便只剩下兩種選擇：分手，或是結婚。但我當時不想，不想從愛情動物變成婚姻動物。不想。不想。我不忍心讓一對愛人——即便已失敗的愛人——墮落成一對夫妻。

12

分手後半年，相約再見一面。拓普說他要走了，跟女友結伴，出國念書。

「恭喜你拿到獎學金。」電話中聽到好消息的一刻，我高興得像是自己中獎，「我請你喝香檳吧，以前我們在一起的時候，每次想花錢享受一下，總是臨終反悔。」

「臨終反悔？我們哪一次走到臨終？我怎麼不記得？」拓普問。

說的也是，我記得，總是才剛起了念頭，就打消了念頭。只有一次，搭了四十幾層的電梯，到了高空餐廳門口，拓普堅持要請我一頓，我猶豫著翻看菜單，「算了，不值得。」十年初戀，不曾走進任何一間像樣的餐廳。

「我們以前真的好寒酸喔，不知道在省什麼。」我說。

13

拓普還是想替我省。

晚餐後他拿出預先準備的香檳，「去你那裡喝吧，酒吧裡一瓶五千七千的，太冤了。」

我知道他是坦蕩蕩的，因為他對我已經沒有慾望，安全衛生得像個爺爺或小孩。

只是，一旦進入那睽違半年的雙人小窩，舊式的感情跟著戒不掉的習慣還了魂，拓普才剛為眼前這個舊情人擺好酒杯，就發現自己跟她似乎還沒有完。

他覺得自己欠她一次勃起，一次射精，欠她一個證明，證明他是以愛一個女人的方式在愛她。

結果竟然做了。在分手半年以後。在還沒分手也屢屢沒有做成以後。

14

當高潮吸收高潮，幸福痙攣，飛旋，墜落，成為一個受精卵。

基於某種藥物化學的失敗，小雞心滯留在我的世界。

儘管世人對墮胎的譴責，將小雞心升格為一副屍骸，但只有小雞心知道，我所欠負於它的，或許不是生命，而是一個故事。所以它卡在我的子宮頸，製造細長的血流，流出自己的故事。

15

小雞心成孕那次，正是，我與拓普的最後一次。

他跟我都意想不到，在歷經了與性挫折的慘烈對抗、以及酷刑般的失敗之後，反而在一無所求的放棄裡，做到了以前做不到的。

那種哭笑不得的感動，就像在火場的廢墟裡，撿到青春期的相片或日記本。照片上的男孩女孩被黑煙薰得灰頭土臉，分手的愛人被回憶薰得淚流不止。

「沒有套子，你別射在裡面。」

「你怕？」

「我怕呀。我更怕你怕。」

「我該怕嗎？」

「不該嗎？小心我懷孕了纏死你。」

聽她這樣說，他就更沒辦法脫身了。他不想脫身。

他對她的感情是如此，不怕牽絆不怕麻煩的，他想要表達，想要射在她裡面。

「要你做我女兒你不願意，乾脆做我女兒的媽好了。」

她知道，最美的果實已經熟了，假如捨不得把它吃掉，就只能眼看它爛掉。

她只能選擇盡情享受，享受它的消失。

這世上沒有如果，沒有這種水果，沒有捨不得吃卻能擺著不爛的水果，除非假的、死的、沒心也沒肉的。

她與他在高潮當中發出啜泣般的呻吟，像一顆煮過頭的梨，焦黏在高溫當中，榨取斷聲喊痛的甜。

16

吃多了放久的水梨，就會知道，梨子屬於早熟早爛的那一類。

壞掉的水果跟過期的關係一樣，總有人捨不得丟。

「最誇張的一個，是我辦公室的主管……應該說，是我主管的主管，」吧檯上那個活潑的女孩，一邊吃著酒保分贈的梨，一邊繼續說，「這是上禮拜的事，我去茶水間洗杯子，看見他把一個爛到已經破皮出膿的水蜜桃，放進塑膠袋裡又搓又揉的，再灌水把爛肉沖掉，然後用湯匙刮骨刮肉，像在做清瘡手術一樣。」

這樣忙了老半天，總算保住的果肉，據那個女孩說，「大概只能再咬個兩三口吧。」

「只有兩三口也就算了，還是泡過水的⋯⋯。那口感，已經不是水果而是剩菜了吧。」女孩說。

這家酒吧叫做胚胎，酒保就叫胚子。黑烏烏的一間店，只有兩個客人。女孩坐在吧檯跟胚子聊天。我則選了一張兩人份的桌子，等著一個不曾謀面的人。

17

失去拓普之後，我可以跟任何人在一起，因為我跟誰都不在一起。

但是這一次，這個人，跟其他人很不一樣。假如他戴的不是那種壓垮鼻梁的笨眼鏡，假如他不愛說前女友的壞話，假如他吃麵不會發出稀哩呼嚕的聲音，假如他在地下道給了乞丐幾十塊，那幾十塊是輕輕放進鐵盒而不是用丟的，那麼，我想，我會輕易就愛上他的。

他說他叫浩四，我說我叫殊殊。我們已經在網路裡交談兩個月了。

18

小雞心被鑷子夾出的一刻，有什麼東西誕生了。

誕生的不是壞死的胚胎，而是一個女人。一個墮過胎的、見過死胎的、全新的女人。有過去的女人。

女人為自己起了一個新的名字，殊殊。

殊殊。

歹。朱。壞掉的紅色。

殊殊是壞掉的血，死去的愛，衰毀的道德。

我的名字殊殊，是小雞心給的。是小雞心孕育了殊殊。

這個沒有成為一個生命、也沒有成為一種性別的小東西，彷彿某個來自地心的信使，自體內最深的地方為我捎來某種真相。唯有通過小雞心，我才能回到自己，或者，離開自己。

19

既是棄毀，也是誕生。

我和小雞心，同樣自棄毀中誕生。

20

酒吧大門開了，走進一個男人，一聲也不問就坐在我對面。

那是一張強風擦洗過的，風塵僕僕的臉。

「你騎機車？」

「對。」

「怎麼確定是我？」

「因為這裡沒什麼女的。」

「吧檯上不是還有一個嗎？」

「她不像。」

「為什麼？」

「她看起來太年輕了。」

21

入夜之後，冷清的酒吧熱了起來。吧檯上添了一男一女，再加一男一男。還有一對外籍男女，滿懷觀光客的好奇，點了一瓶阿里山小米酒。狹小的「胚胎」擠了八張桌子，新來的兩女三男占掉了僅剩的兩桌，再進來一個女的，就只能往吧檯擠了。

這女的橫衝直撞，顯然是個熟客。典型的漂亮女生，一如「漂亮」的字面意義可見的，皮膚光滑得透亮。她向胚子要了一杯 Tequila Bomb，握住酒杯朝桌面狠狠 boom 了一聲，將滿室的喧嘩剁碎。她知道全場的人都在看她，所以她誰也不看。

她的出現，讓我覺得自己異常黯淡。

她似乎是個蓬鬆愛鬧的人，只不過她熱鬧的方式不是說話，而是跳舞。她跳得頗為專業，贏得滿場歡呼，每一桌都請她喝酒，唯獨我們這一桌沒有動靜。她順著酒興沿桌嬉鬧，鬧到浩四身上來了。

「第一次來嗎？沒見過你。」

「嗯，第一次，」浩四舉起酒杯敬她一下，「你的舞是在哪學的？」

「藝術大學，一年級，我要當舞蹈家。」

「哇，這很難，」我說，「需要規律的練習，很堅忍的性格。」

「但首先是才華吧。」

「不要太相信才華，這話不只是對你說的，也是我告訴自己的，其實大家的才華都差不多。」而我真正想說的是：相信我，我們都很普通。

女孩做了兩個大轉圈，回身定住，以一種發現新面孔的語氣衝著我問：「你叫什麼名字？」

我說我叫「殊殊」，她應了一聲噢，並沒有追問是哪個「ㄕㄨ」。我知道她其實沒聽進去。她對我一點興趣也沒有。等她第三次問起我的名字，我已經不想再重複一次，我說，「我已經告訴過你，但是你根本就沒有在聽。」

「等一下等一下，」她倏然挺直腰身，抬起下巴，「你對我有敵意嗎？」

我看著她，不搖頭也不點頭，「你對女人一點興趣也沒有吧。你的眼裡只有男人而已。」

「所以你因此而對我有敵意嗎？」

「並沒有，」我說，「我只是覺得，既然你根本不想鳥我，又何必一直問我叫什麼名字呢？」

這女孩明明是一隻小鹿斑比，卻要強扮老虎，以為自己可以吞下任何東西。

「O，K，」她把胸口彎到我眼前，「再說一次你的名字，我一定會記住的。」

她的聲音像是被尖牙囓咬過，帶著一種挫折過的、做作的尖銳。

「最後一次喔，」我說，「我叫殊殊。」這樣無意義的重複幾次，我好像第一次適應了這個名字。

「輸？哪個書？」

「特殊的殊。」

「殊殊，你是他女朋友嗎？」她指著浩四。

女朋友？

她清脆的表情裡面，閃爍著天真的競爭心，單純得可笑，也有一點可愛。

「不是，」我告訴她，「我不是他女朋友。」

「那我今天晚上可以把他帶回家嗎？」她問。

「那得看我要不要跟你走啊。」浩四說話了。

她乾了一杯Tequila，說是向我賠罪。然後把身體交給全場的目光，跳了半支狂放的豔舞，在一個耗竭般的旋轉過後，把雙手掛在浩四的脖子上，貼著他的耳朵說，「想不想看，我全身上下最美的地方？」

「好看嗎？」

「廢，話，當然好看！」

「好看在哪？」

「你猜。」

「我不想猜。」

「你猜一下啦！」

「腳底？」

「還真的咧，很接近了耶！」

「頭頂？」

「正經一點！」

「手肘？」

「膝蓋？」

「你這個人很掃興耶。」她踢掉自己的高跟鞋，露出赤裸光潔的腳趾。

「果然很漂亮，」浩四看著她的腳趾，「可見你根本就不是一個用功的 dancer 嘛。」

一個舞蹈家，可能有這麼漂亮的腳趾嗎？

就是這句話，開啟了我對浩四的傾慕。

22

那晚，浩四送我回家，沒跟我上床。

這第一次約會出奇美好，好到不必以上床來揭示：你我之間僅止於今晚。

我們在網路裡呼叫對方，正經八百的陳列了幾句聰明的問候，就忍不住相互丟起傻話來了。瑣碎親密的話題，適合聲音。我敲著鍵盤說不想打字了，他就向我要電話，我們從文字回到聲音，回到語言的肉身，其中的沉默與呼吸，比話語更有可讀性。

通訊技術從電腦手機有線電話一路退行，到了筆。我收到他寄來的、貼了郵票的短信，提議周末一起午餐。我沒想到他的字跡是這樣的，這樣的工整以至於笨拙，像一則強而有力的懇求。

午餐結束之後，浩四並不急著走。

下午茶喝到天黑，我也不急著走。

昏暗的街上飄起雨來，浩四撐起傘，問，要不要散步？

走到巷底右轉，在小公園裡尷尬地站了站，所有的石椅木椅都濕了，我問：要不要吃晚飯？

「假如你不想」，我趕緊追加一句，「不用勉強。」

「其實很勉強，」他說，「我有一個案子後天就要交差，但是我想跟你一起去吃晚飯。」

晚飯結束之後他問，要不要去喝一杯？

他喝紅酒，我點了威士忌。

當我拿出香菸，他為我點上。他自己並不抽菸。

我說我該回家了，他就騎車送我回家。

下車說完再見，發生了一段靜止不動的擁抱。彷彿什麼也沒發生的發生了這樣的事。時間乾乾淨淨，一切都懸止了。我跟他好像變回嬰兒，分不清誰在抱誰，那擁抱不沾帶任何既存的情欲，反而允許任何訊息無拘無束地游進皮膚裡面。

白色的月光淹漫似水。我的皮膚像甜甜圈的糖霜一樣敏感，一點溫度一點點摩擦，就融化了。

23

我的名字殊殊，意味著「敗壞的血」。

兩年前我曾拿掉一個孩子，今天，我要拿掉第二個。

兩年前那個，我叫它小雞心。小雞心成孕於，我與拓普的最後一次。

兩年後這個，成孕於我與浩四的第一次。

24

「其實嬰兒的第一個哭聲，不在產房而在母親的肚子裡。」

「紐西蘭奧克蘭大學的研究人員，為一個三十三周的胎兒照超音波，隔著媽媽的肚皮製造震動，試探胎兒的反應。

「結果，胎兒被嚇到了。它轉動頭顱，加快呼吸，張開下顎，顫抖下巴，哭了十幾秒。

「研究員改用其他的低分貝噪音，干擾更年幼的胎兒。結果，幾個二十八周的胎兒也都哭了……」

在決定投奔小鬍子之前，我去過正規的醫院。婦產科的候診室裡，播放著新時代的〈嬰兒與母親〉。我在一群孕婦堆裡等待叫號，這裡沒有墮胎者的位置。

RU-486已經合法了，墮胎者必須在醫師的監護底下服藥。

我看見一個女人，我的同類，被護士帶進產檢室裡，對著嬰兒的照片吞下藥丸，隨即把房間讓給那些等著做產檢的人，回到赤裸無遮的走廊上等待，確定沒有不良反應才准離開。在她面前來來去去的，是一個又一個凸起的肚子，彷彿一頭又一頭緩慢的象。

這裡只有產房。沒有墮胎房。

我已經等了一個鐘頭，我不再等了。眼前的每一張海報、每一個符號、粉紅與粉藍的色塊、興奮或擔憂的交談，在在暗示我來錯了地方。我被拒之於門外，但是門內的東西並不吸引我。我不結婚也不繁殖，我棄權，這是對實用主義的背離。

25

離開那令人挫折的醫院，我在月色的邊緣散步整夜，恍恍惚惚地晃回家，杵在樓梯間找不到鑰匙，在包包裡摸摸掏掏，才發現身後堵著一個陌生男子。

「進門，脫掉你的褲子。」

「先生，請問你有帶武器嗎？」這個色狼很倒楣，碰上我最不怕死的一天。

「你說什麼？」他空蕩蕩的雙手不知要往哪裡擺。

「請問你有武器嗎？」他的四肢細瘦，身材也不比我高大。

「什麼？」

「假如你帶了武器，可以讓我看一下嗎？」

男人愣一愣，繼而重複一次，「進門，脫掉你的褲子！」

「先生，」我說，「我今天很累，不想打架，假如你有刀有槍的話我馬上把褲子脫掉。」

他退了一步，空洞的眼中閃出麻木的火焰，指著我說，「你養了小鬼，這裡有小鬼對不對？」

我並不想說「對」，卻聽見自己說了一聲對。而當我說對的時候，彷彿被自己感動還是嚇到似的，咳出一滴乾燥的淚。於是更像是確有其事，我簡直要相信自己養了小鬼。

穿越某個形上學的裂縫，小雞心進入我的世界，保護著我。

「你背後瞪著兩隻眼睛，」他恐懼地怒視著我，「你背後，瞪著兩隻眼睛。」

「是我墮掉的小孩。」我的反應好快，彷彿小雞心真的在我背後，指導我面對眼前的危機。

「魔鬼，魔鬼……」他朝自己的胸口低吼，絆著自己的腳步跌下幾格階梯，跑了。

回神過來以後，發現自己抖得厲害。

我是被自己牙齒的碰撞聲弄醒的。

抬頭看見一張空洞的臉，覆蓋著一種雕像般的、冬的靜止。我花了四個心跳的時間，才認出自己，原來我面對的是自己鏡中的影子。

門已經上鎖，臉上的淚痕已經乾了，我想我已經安全了。

剛剛那場驚嚇，簡直就像某種藝術體驗，某種治療。

在一個比潛意識更陌生不安的空間裡，小雞心出面斡旋，保護我免於攻擊，也似乎，通過這無形的現身，小雞心跟死亡斡旋，結束了自己的死亡，然後轉化、出走，與我告別。

26

梨子爛了，還有下一個。

青春結束之後，還有青春。

拓普之後有浩四。小雞心的下一個，會是怎樣的形狀？

27

小鬍子的診所七點才開，白日的細雨在傍晚落成滂沱大雨，還是搭計程車吧。

出門前再照一次鏡子，多此一舉的再梳一次，我任性的頭髮。

在那怎麼梳也梳不乖的一頭黑髮當中，此刻，竟然，冒出一根白髮。彷佛今天早上、還是前一秒鐘、才冒出來的，自同類之中岔開、站立，像在發問又像在挨罰似的。明明是老化的象徵，卻又孤獨落了單，顯得格外突兀、格外的桀驁不馴。

白髮想起了自己的年紀，三十一歲，不算老，也不算年輕了。卻還是沒學到教訓。

在發現那根白髮之前，白髮早已生成，只是我沒有看見。

初初遇見，覺得新奇，再看一眼，就懂得害怕。

世界還是一個樣，卻好像全變了樣，被一根白髮改變了。連玫瑰的味道聞起來，也多了哀傷的腥味。

28

認識浩四的時候，我已經成為一個有過去的人。

相信死亡勝過相信愛情，同時，因為相信死亡而更相信愛情。一切都不再簡單：我已然成為一個困難的女生，而困難的女生今後，只能與困難的人，談困難的戀愛，冒著離開愛情的危險。

危險中我遇見浩四，就像一個討厭的字，遇見另一個麻煩的字，擦出新的意義，碰出新的聲音，走進一個詩句裡。是的，我想跟他一起，走進屬於我們的一首詩裡，接著，再怎麼懼怕也要鼓起勇氣、離開晶瑩無垢的詩句，踏進沾滿雜質與汙垢的現實，接受日常生活的考驗。雖然在這個階段，所謂的「我們」還沒成型。

我沒有告訴浩四我懷孕了。

因為，假如他問我你確定嗎，你怎麼確定這是我的，我想我會非常傷心，並且為他居然這樣提問而看不起他。然而，他這麼問是不值得奇怪的，畢竟我們只做過一次，而他也還沒愛上我啊。假如他過早承擔了對「關係」的責任，只怕我們之間剛剛建立的信任，會在缺氧的玻璃罐裡悶到窒息，倒地變硬。

我必須非常小心，因為我才剛剛墜入愛的海洋，被剝去了羽毛，露出脆弱的皮膚，禁不起最輕微的傷害。浩四也一樣，一樣脆弱，禁不起罪惡感的威脅，我記得他從我的CD架上挑出Billie Holiday，擺出若無其事的表情、實則緊張兮兮地說：這首歌，我放的這首歌，叫做〈Let's Fall in Love〉……。

此刻我們還沒，還沒一起墜落，還沒有成為「我們」。我可以再等一等。

於是我再度一人，來到小鬍子診所。

這是我第二次墮胎。上一次是為了結束，這一次是為了開始。

為了放過一個人，或得到一個人。

麻醉劑開始擴散，我閉上眼睛，感覺自己的身體墜落，墜落，墜入深淵，但深淵並不見底。這深不見底的墜落於是逆轉成為飄浮，成為飛行，需要大量的肌肉平衡，與最好的智力、最準的直覺。

下一次，下一次再見到浩四的時候，我決定跟他說說小雞心的故事。

假如他靜靜聆聽到最後，沒有嚇跑，並且用比上次更深的溫柔吻我，那麼，我想，我就會跟浩四在一起了。

這是小雞心給我的遺產——以它的尺度，丈量戀人的品格與風度。

哎，我這個沒用的東西，還需要小雞心多多照顧呢。

※本文收錄於二〇〇六年出版之短篇小說集《哀豔是童年》。作者以無比羞赧的心情重讀後略作修改。但老文章的毛病太深，能拯救的有限。謝謝主編與出版社不嫌不棄。

chapter 2 :

小說 | short story

Least Common Multiple

最小公倍數

張嘉真 | 作家

一九九九年生，高雄人。畢業於台灣大學歷史系，目前就讀台北藝術大學電影創作研究所，從事劇情片編導、影視劇本及小說創作。短篇小說曾獲台積電青年文學獎、林榮三文學獎，並入選九歌年度小說選。著有短篇小說集《玻璃彈珠都是貓的眼睛》。

早上有出太陽，晚上起風還是很冷，這就是冬天。屋娜要抽菸，所以她們坐在戶外的沙發上發抖。布沙發和抱枕都起了毛球，屋娜卻自在地陷在其中，應答她的每個提問，屋娜像是不懂祕密為何的人，滔滔不絕地打開自己。店員不斷找藉口出來，為了靠在沙發扶手上和屋娜抽菸，屋娜為了不讓店員聽到她說的話，不斷趕店員進去上班。最後店員端出一杯蛋酒來請屋娜。屋娜收下，但是沒有喝，屋娜哄著她喝完。基酒很烈，她沒有說這是她第一次抽菸和喝酒，她怕屋娜覺得自己幼稚。她拚命接收，感覺自己成為一顆太陽，熱燙而模糊，她吻了屋娜，儘管這是冬天，夏天卻彷彿就要來了，時間被無序地撥亂，以至於她完全不知道屋娜是如何離開她的懷裡。她抬頭的時候，屋娜站在街上沒有光的地方說，她在她這個年紀墮過胎，沒有來由，沒有比喻，沒有結論。她打了一個冷顫，想起這是冬天，天就開始下雨，她忽然理解命運。

老師讀完，放下劇本，看向我們。

這是一段劇本的開場陳述，我們要按照這個藍圖，把角色前後可能會做的事情用表演練習的方式呈現出來。每段表演三分鐘，角色走進一個空間，做完一件事，講一通電話，電話內容中角色要有所行動。接下來的三個月，這個劇本會由老師每周挑選我們的表演接力組成。

內容沒有任何限制，只要那是真的。

表演不是編故事。不是想像、不是大概，而是靠著真實發生的事情，逐步接近你尚未經驗、但必須成為的情節。

在一個流產的女人，和聽聞對方流產的女人之間。你總會是其中一個。

我舉手，走到教室的中央，搬了一張椅子和cube做客廳的沙發和茶几。

我進門回家，癱坐在沙發上，從背包裡掏出一疊停車單，在茶几上攤平，用手機掃描上面的條碼線上繳費。我怎麼樣都掃不到今天那張收費單，於是把它揉成一團丟出去，承認我需要打這一通電話。

我說，今天我們去看夜景，她在車上跟我說，她拿過孩子。我沒有要放棄啦，我是要說，這已經是第三個告訴我，她做過人工流產的對象，可是我還是一樣什麼都回答不出來。

老師叫停，老師問我，真的講過這些話嗎？

我說是。

老師問，那你應該沒有拜託這個通話的對象讓你受孕，好體驗別人決定流產的心境吧？我說沒有。她說那這就是一通只是在抱怨卻沒有行動的電話，不用再講了。我說謝謝老師。

教室陷入死寂。

為了雀屏中選，或是為了被羞辱的時候能夠保有最後一絲尊嚴自我說服真實就是如此枝微末節，每個禮拜，每個人都拚了命說真心話。

下一個同學舉手說，這是浴室。

她坐在cube上，另一個cube上面放著衛生紙、整袋衛生棉和一支還沒有拆封的驗孕棒。她脫掉褲子，抽了一張衛生紙擦拭，查看，一片空白。她撕起貼在褲子上的衛生棉，查看，一片空白。她拿起驗孕棒又放下，打了一通電話。

她說，我這個月還沒有來欸，不是啦，我月經一直都很準，我有在吃藥啊。不是啦，要避孕。事前藥。我這個月停藥休息，但是沒有看到月經來，就不能確認我這個月是不是安全下莊。你可以陪我嗎？我現在想驗一下。

她說看到經血讓她感到安心。

老師的大腿肌肉抽動了一下，那是認同的意思。

女人和可能懷孕的女人，原來是不一樣的。

此刻我與她面對面坐著，她有一顆子宮，我也有一顆子宮。每個月我們拉下內褲，定時面對搖搖欲墜的經血，竟然完全無從體會彼此的心情。我們甚至不曾想過我們是不一樣的。

下課後，我追過去問同學後來怎麼辦。

她很大方。

她說她不只驗孕過一次。驗出一條線以後，就會接著擔心是不是剛著床而已，所以還驗不出來，往往得去婦產科照了超音波，聽醫生親口診斷現在黃體素的濃度，子宮內膜是否已經增厚，才能夠安心。

顯然她已經準備好下禮拜表演的內容，但她知道我關心的其實是自己該如何準備練習。她接著說，她很討厭收到這種建議，就像表演並非一項技藝，而是一個人能容納多少傷害。可是如果是這個題目，她覺得只有一種方式進入——我得成為有相同困擾的女生。關於驗孕與流產，她總會找到正確的對象才恰好開啟這個話題，她們不曾落空。她形容這種默契就像女生同住費洛蒙會互相影響使得經期逐漸同步的傳聞一樣。

她自問自答。你知道嗎?這個說法其實早就被推翻了。

我說可是從小到大，每當有一群女生聚在一起，總會有人提到這件事。

比起證明費洛蒙真的能夠互相影響，不同的月經周期天數必然會有最小公倍數更能驗證這個說法。有趣的事情是，比起數學解釋，我們更喜歡我們因為彼此的身體產生出某種未解的聯繫，你無法證實，因此也無法切斷，我想這是我們選擇不斷傳誦這個敘事的原因。

我把室友一起洗完烘乾的衣服拿進房間，整桶倒在床上分類——胸罩一堆、運動內衣一堆；低腰三角內褲一堆、四角內褲一堆。摺好後塞進衣櫃不同的夾層。清空所有衣物以後，被我丟在床上的手機才裸露出來，它持續震

動著。

我接起電話。

我說，你還記得有一次我陪你去看婦產科，櫃檯在結帳的時候跟我們說什麼嗎？她說HPV疫苗，男女都需要施打，我們兩個可以一起考慮看看，一起打會打折唷。你覺得我們誰是男生，誰是女生？男生是不會懷孕的，女生是不會讓你懷孕的。我們已經是不一樣的人了，掰掰。

老師問我，這是你真的講過的話嗎？

我說是。在對方跟我說她拿過小孩以後，我不知道該給出什麼回應，也不知道她想要得到什麼。當下我們停止了對話。但是我回家想一想，覺得她是在以此傷害我，所以我反擊了。

下課後我在門口等同學。同學指責我是自私的人，只想到自己輸給一個男人的感覺。我想我之所以想要在大家面前承認自己的無知就是為了接近此刻。

我問她，那些陷阱都藏在哪裡？

誠如她所說，這是一個必須加入才能靠近的命題。所有警語都只寫在懷孕之前，密密麻麻——月經周期、安全性行為、女生要懂得保護自己、女生裙子不要穿太短、女生半夜不要獨自走在路上。關於流產，不只是未知，甚至連譴責都是關起門來說。

以世界為尺度的搜尋系統，合力隱藏了這個關鍵字。

以至於我從來不知道一旦懷孕以後，陌生人會爭先恐後地退化，指著你的鼻子說，你不把孩子生下來就是一個自私的人。

「你不知道？為什麼你不知道？」

「我不知道。」

問題就在於有一些她知道的事情，我不知道，有一些傷害繞過了不會被傷害的人，精準地指向能夠受傷的人，於是我們以為世界是平整的一張白紙，我們才能夠紙上談兵，想像更進步的未來。

十四歲的同學，在軍訓課看了一部紀錄片。

熱得讓人昏昏欲睡的夏日中午，老師說要放電影，有些人跳到教室最後一排的置物櫃上，有些人就地趴回桌上睡覺，三三兩兩的女生把椅子拉近坐在一起聊天。

開頭第一句話是一名西裝筆挺的外國人說：「美國每年所進行的開心手術，大約超過十五萬次。」

置物櫃上的男生嬉鬧地重複，開心手術欸，是有多開心啊。

她一直記得這句話，是因為直到電影結束以後，他們都還是很開心。

單槍投影機的顯色不好，外國人灰濛濛一片，老師關了日光燈，叫男生把窗簾都拉上。外國人繼續用中文說：「這是不對的。」小淇嘟囔，為什麼都要讓外國人講中文啊？這樣好好笑，很像她爸最喜歡看的國家地理頻道，裡面那些開著吉普車在非洲草原記錄獅群移動的外國人，也都會被配上鄰居叔叔刻意字正腔圓講出的中文，他們還會幫小獅子取名，好分辨牠們誰先學會狩獵。

外國人說醫生會用這種器械、這種器械撐開子宮頸，接著再用這種大嘴鉗子，在子宮內找到胎兒。畫面從嬰兒模型跳轉到手術室。

依然有同學在笑，嘻嘻哈哈地說，哇靠真的是夾娃娃、夾出來了夾出來了。

她們坐在一起看電影是為了把手牽在一起。小淇的手掌乾爽又柔軟，兩人十指緊扣的時候，可怕的畫面就會像冰淇淋被夾在掌心之間融化。

原來最恐懼的時候她們不會牽手。

那不是殭屍咬住人類，不是異形從水底爬出，不是殺人魔拿著電鋸突進。她發自內心感到恐懼，卻移不開視線，因為那是真的。

那天中午有人吃不下午餐，有人抬餐桶的時候還在模仿那個外國人說「開心手術」。

她以為那部紀錄片會和其他警世寓言一樣，隨著時間被破解或是淡忘，但她從此把 RU-486 當作小魔女 DoReMi 的咒語一樣刻在心中，一感到危險，她就會在心中默背出來，抵擋大片陽光直射，她們卻輕易置身於一片人造陰影底下的中午。

後來的後來，她在尋找藥物流產診所資訊的時候加入了一個匿名社群。社群裡的問題都是具有時效性，所以真切的需求。加入的理由就是為了立刻發問。有些問題一上網搜尋就能夠得到解答，有些問題其實是因人而異的感受，但是總會有人回應。

社群每天晚上會定時跳出版主設定的自動回覆，兩年內社群因為提及違禁關鍵字被刪除了三次，版主只好把過去所有對話紀錄備份在雲端資料夾。

她好奇點開，看了一整個晚上。

從來沒有人問為什麼。

為什麼你還沒有滿十六歲？為什麼你不跟這種老公離婚？為什麼你允許男朋友沒有戴套？為什麼你養不起、生不下來，還有餘力擔心嬰靈？

成員來來去去。做好決定的人會退出，離開診間走廊的人會退出，周年時仍然感到迷惘的人會重新加入。

一直都在的人，一遍一遍地回答最基本的問題，人工流產的時候會不會痛。

對話紀錄裡沒有任何迷人的故事。

她卻停不下來。

「你可以問，我想要說。我們都想說的。」

回家以後我月經來了。但我細想又覺得不是月經。一開始就不是深褐色的血塊，反而是像草莓果醬的血絲，加上下體紅腫難耐，我以為又發炎了，或許發炎的狀況比較嚴重，脆弱的皮膚不斷摩擦才會出血。何況現在不是我的月經周期，我墊了兩天的衛生棉等待，都沒有看到鮮血與熟悉的經痛，我更肯定不是月經。

我拿出常備的陰道塞劑。要放入以前我仔細檢查了外陰部，沒有看到任何傷口。出於好奇，清潔過後，我把棉棒塞入陰道。

我轉了幾圈，仔細感受陰道內部有沒有傷口。

棉棒拖出一絲一絲我不熟悉的出血狀況。

我盯著我無法命名的血絲，決定把它們當作月經前夕紊亂的分泌物。

一個禮拜過後，手機跳出提醒，詢問我本次月經周期是否已經結束。

那個月我只流了這一次血。

我打了一通電話給她，告訴她如果月經會互相傳染是一種迷信，那當一個迷信的女人真好。當我的身體想要與她站在同一邊的時候，它比我的意識更早做出決定。在不相通的痛苦之中，流血是我們最小的公倍數。

它因此流血，在我尚未發現我需要流血之前。

這是一場沒有行動、沒有對白、沒有能夠被執行出來的表演的戲。

可是這是真的。

這是我今天的表演練習。

chapter 3 :

詩 | Poems

Aground

擱淺

徐珮芬 | 詩人

花蓮人。清華大學台文所碩士。曾獲林榮三文學獎、周夢蝶詩獎及國藝會創作補助等。二〇一九年美國佛蒙特工作室中心駐村藝術家。出版詩集《還是要有傢俱才能活得不悲傷》、《在黑洞中我看見自己的眼睛》、《我只擔心雨會不會一直下到明天早上》、《夜行性動物》、《您撥打給神的電話號碼是空號》，小說《晚安，糖果屋》。

擱淺

1

為你打造方舟的神
鐵了心
沒要你上船

2

摀住你的眼睛
為了讓我自己
繼續做這世上
最後一個小孩

3

打開燈
和疤痕的影子
玩捉迷藏

關上燈
和鬼在夜裡
對視，鬼只是像你
不是你

此刻
我只是想起你
不是想你

4

也想過教你指認
這是火
那是洞穴

想過逗你笑
遠方的礦脈
藏著許多棒棒糖

給你一個遠方
不曾傳出哀鳴
也沒有緊急剎車
的聲音

5

也曾期待哄你入睡
童話裡
冒險者沒能找到的
叫做家

6

也愛過
像你這樣的
陌生人，在一切
無計可施之前

陌生人

與你用同樣價格
買同一種飲料
來自同一個配方
喝下，一起皺眉
在同一間咖啡廳
上同一個馬桶

在同一個炎熱的下午
盯著同一棵行道樹
想著同一件事
錯過同一座盆地裡的
另一場雨
另外幾個人
錯過幾次可能的約會
和幾個可能的騙局

拿起同一瓶酒精
按壓同一個噴頭

或是同時低頭
同時瀏覽
同一則新聞
也許我們同時抬起頭
交換了同樣的眼神
對同一個世界
產生同樣的疑問

差一點回到
同一個家
在同一張餐桌上

懷著同一種恨意
擁有同樣的
困惑：如果當初
那條憂傷的臍帶
沒有連結我們

無知

你不知道花
不知道雲朵
就不會知道
所有的死水
都來自手搆不到的天空

你手搆不到的
都不需要知道

寶盒

有人給過她
一個暗箱
裏面裝著迪士尼樂園
帶回來的鑰匙圈
寫滿詛咒的畢業紀念冊
茄子、針頭
仍在跳動的
心臟標本

她把手放進去
什麼都沒摸到
抽出來的時候
就成了母親

魔術

母親哭泣
因為孩子哭泣
孩子哭泣
因為遺忘自己
哭泣的理由
他們無法停止哭泣

無關一場
失敗的表演：魔術師
將別人的心剖成兩半
沒能再變回來

chapter 4 :

獨幕劇 ｜ One-act Play

Normal Parents

正常父母

鄧九雲 ｜ 作家、戲劇編導、演員

從二〇一五年開創結合文學、戲劇與當代藝術展演的「小說聚場」系列作品，關注於語言、情感、敘事在不同場域的內在調度。散文作品《我的演員日記》；短篇小說《用走的去跳舞》、《暫時無法安放的》、《最初看似新奇的東西》、《女兒房》。以長篇小說《女二》榮獲第二十三屆台北文學獎年金大獎首獎。

一齣獨幕劇。

人物

・男人（約六十歲）

・女人（約七十歲）

兩人是夫妻，在不同時空講述。

舞台

醫院的等候室。舞台中央有一台直立式飲水機，左右兩旁各一排等候椅。舞台以燈光分為左右中三區。全場光線呈現冷調，帶有醫院特有的寂寥感。閃爍的日光燈位於舞台後方中央位置。

・左舞台為男人的獨白空間，時間是二〇〇八年

・右舞台為女人的獨白空間，時間是二〇二四年
・台詞重疊處用「//」標示
・動作、燈光指示為節奏建議，導演與演員可自由發展

△全場日光燈照明。男人坐在左側等候椅，女人坐在右側等候椅，兩人都在各自不安的狀態，彼此相隔甚遠

△燈管開始閃爍

男人和女人：（同時看向燈管）哎呀，這燈……

男人：這種光把人的臉照得綠不啦嘰的。

女人：讓人一臉發青哪！

男人：外面天氣明明好好的，全都變得要死不活。

女人：看起來病懨懨的。

△兩人同時起身

男人：這種燈要壞還不馬上壞——給你閃來閃去的。

女人：不像燈泡啪一下就沒了——

女人和男人：（同聲）護士小姐／／護士先生！能不能把這燈關掉？

△沒人回應，兩人各自尋找開關，動作相似但不同步。女人找不到開關，男人把燈關掉，女人回座。右舞台微光，左舞台剩一個側光，男人的臉出現明顯的暗部

男人：我們家從來都不裝這種燈，太像醫院了——這裡十幾年都一樣……來了這麼多次，第一次看到男護士——（低語）剛剛那個應該是男的吧？不確定，現在人都男不男女不女的——

女人：我曾經就是為了爬上去換日光燈，從椅子上摔了下來。（輕撫下背）都幾十年了，現在還是會隱隱作痛。

男人：我女兒有一陣子也學別人搞同性戀，還好現在變回正常了……哎呦不行，我得上個廁所去。

△男人離場，女人走進左舞台光區

女人：那是好久以前的事了。我們跟婆婆住在眷村裡，那個房子很小，客廳就兩管日光燈，白天都得開著屋子裡才夠亮。那時我一個人在家，燈閃來閃去的我怕對小孩的眼睛不好。我老大一歲多還不會走路，就把他放在螃蟹車裡，踩在椅子上想把其中一個燈管拆下來，結果一個重心不穩，從椅子上摔下來。兒子嚇到大哭，我痛到趴在地上爬不起來，還好我婆婆沒多久就回來了。

我一直都記得，她看到我在地上，第一個動作是把我兒子從螃蟹車裡抱起來安撫，冷冷對我說：「自己受傷了誰來顧小孩？做媽要有做媽的樣子。」

△女人拿出包包的保溫壺，裝水

飲水機：請用溫開水。連續出水。

那時才二十四歲。在嫁過來之前，我是家裡的獨生女，我媽連碗都沒讓我洗過。當時我不知道自己又懷孕了。小姑和小叔都還沒結婚，全都住在那間屋子裡。我先生剛下船，到處兼差，我也必須回去上班，我婆婆又不願意幫忙帶小孩，只好拜託隔壁的王媽媽帶。每個月還要付錢給她多了一筆開銷……（女人走回右舞台暗區）如果要再生一個，我們真的養不起。

△男人邊講手機進場，是傳統的折疊型手機

男人：買那麼多幹嘛，莊醫生不是說你不要提重的嘛！我明天陪你一起啊，不是，冰箱放不下了嘛！誒你有買到那家酒釀嗎？什麼？酒精不行？酒釀沒有酒啊！你當年生的時候吃得多開心……進去半個小時了吧，啊好啦好啦，你快點回來——（掛掉電話）這個節骨眼硬要去隔壁市場買東西，真是的……也太不擔心了吧！裡面那個莊醫生，我認識她好久了。我女兒那個事情，還有我老婆去年癌症也是她發現的，子宮拿掉就是她動的手術——我去年也在這裡等，但現在心情完全不一樣！醫院規定切下來還一定要給家屬看，莊醫生跟我們解釋哪些部分已經病變了。我女兒看著她媽媽的子宮說，女人真可憐。（停頓）但她那語氣，好像故意說給我聽的。

女人：這種事情，有一就有二。日子會逼你選擇。我們很幸運有了一男一女，夠了。後來又來了幾次，兩次還是三次吧（突然停住）我記不太清楚了。這種事，記得太清楚反而不好。

男人：我老婆開刀，沒想到女兒來了。我們好久沒有聯絡……就是她搬出去住之後——我問她搞些亂七八糟的是故意氣我的嗎？她說，我為什麼要氣你？那個態度很挑釁，她當然知道為什麼！

△燈光轉變。舞台中心燈亮，兩人在各自的光區移動，或坐或站，位置越來越靠近中央

女人：每次坐在這裡等，我就會想起這些事。好像這個地方把所有的記憶都儲存起來了。我那時候以為，大家的日子都是這樣過的。只是每個女人的命不一樣，對這件事的感受也不一樣。

男人：我後來才知道，她很過不去那件事。

女人：我女兒就想不開，她每年十一月就開始吃素。我說這樣幹嘛呢，這種事本來就不會忘記，何必一直提醒自己呢？我知道她交過幾個男朋友，她告訴我懷孕的時候，我有點……緊張吧，跟她說：

「你自己去跟你爸說。」

男人：她還在美國讀研究所，回來過暑假——

女人：你爸可能會想到一些以前的事。

男人：她就交過幾個男生朋友嘛，但幾歲哪裡人幹什麼的都不知道。小孩子交朋友很正常，交正常的朋友我們當然不會多管。她說有事要談，約我吃飯。吃個飯東拉西扯的都說不出口，我開車回家問到底什麼事？她竟然還要我猜！女兒有事能有什麼好事？我說，不是要結婚就是懷孕吧。她說，她沒有要結婚。

女人：當時我不在場。

男人：（對著不存在的女兒，向著女人的方向）「誰的？」我哪有心思顧慮她的感覺，還管男方想怎樣咧……我只想著你好不容易如願出國讀書，不是從小就夢想出國念書嗎，如果先休學了生了小孩，還回的去嗎？小孩誰顧？我跟她說，絕對不行！

女人：決定要處理掉，我就帶她來這裡找莊醫生。

男人：我女兒說我說：不准！我真的不記得我有這樣說——

女人：我跟她說莊醫生很好，媽媽很多次手術都是她做的，很安全。她很驚訝地問我：很多次？

男人：為什麼就偏偏挑開車的時候跟我說——我腦袋很亂一條條跑，哪有心情顧慮她的反應，更不可能想到什麼心理後遺症啊那些的……（對著不存在的女兒）你看你媽媽後來也都好好的嘛——當然身體多少是會影響到，只要確定手術是正規安全的就好，所以我說一定要確定手術是正規安全的就好。我身為你老爸就是要解決問題。你早不講晚不講拖到現在快要回美國才跟我說！趕快在台灣處理掉！//回去開學！

女人：//沒辦法，我們只想要兩個小孩。

△男人起身拿飲水機旁的紙杯倒冰水。飲水機發出咕嚕咕嚕的聲音

女人：我女兒很獨立的，對未來有自己的想法，我先生擔心女孩子，國小畢業就送她去女中住校，到了大學就要她選台北的學校，必須住在家裡。我們以前沒有什麼性教育的概念，就是告訴她絕對不可以婚前性行為——「如果你給了男生，他就不會珍惜你了。女孩子就不珍貴了。」

男人：好奇怪，哎，不知道事情怎麼會變成這樣。我兒子還說什麼：「你送她去讀女校時就應該想到會有這一天了。」我聽了很不爽，那個學校很好！重點是安安全全長大了不是嗎？我女兒就是故意要氣我！

女人：她上大學不到一年，我先生就去大陸工作了。我兒子那時交了一個女朋友，兩個一天到晚都窩在家裡，常常待到三更半夜的，我就假裝不知道。後來我先生知道好生氣，我安慰他說〃誰沒年輕過——

男人：〃誰沒年輕過！所以才得對女兒特別特別小心嘛！上大學後我規定她每天十點一定要準時回家，非必要不可以在外面過夜。她哥我就比較放心，男生自己會長大。

女人：我把女兒盯得很緊，怕出事沒辦法跟我先生交代。她好幾次半夜想溜出門被我抓到，至少是平安讀完大學了，但我們母女關係好不到哪去。

男人：有陣子我去大陸待比較久，我兒子竟然讓女朋友住在家裡，成何體統啊！我老婆說管不動！（對著女人的方向）什麼叫管不動？你要女兒跟你一樣嗎？就是哥哥給妹妹做了一個超級壞榜樣，讓她覺得可以隨便在男生家留宿，連人家父母在都沒有關係！所以後來那樣——每次想到這我還是很生氣。

女人：沒想到那手術對他們父女倆影響很大。我以為他們有討論，但女兒覺得是被爸爸逼的，之後不管為什麼事吵架，都會翻到這筆帳。（停頓）從我們得知她懷孕，到處理完回美國差不多就一個星期吧，可能太快了，她沒有時間好好消化，我也一直沒機會跟她說什麼。我心裡想不要結婚的好，畢竟當時那個男生也不是多有本事，還是個獨生子，家裡環境也不怎麼樣。

她讀完書，我們以為她想繼續待著美國，結果突然說不喜歡那裡。回台灣一找到工作就搬出去住。

男人：她說她恨死美國人了。回來自己在捷運站附近找了個套房，小不啦嘰一個月還要兩萬塊。我懷疑她怎麼付得出來才發現她是跟一個女的一起住。（停頓）那是小套房啊，只有一張床。我實在搞不懂誒，性向可以這樣說變就變的嗎？不是一直都跟男生交往得好好的——可能沒有好好的，那是因為這樣變成跟女生嗎？打擊太大？都三十歲了，這樣下去是沒有要生小孩了嗎？那陣子我和朋友喝多了，滿腦子想的都是這件事。

女人：我問兒子，知不知道跟妹妹住的那個女生是誰？

男人：我女兒怪我大嘴巴跟別人講？哪來的別人，都是家人，她哥哥、奶奶難道不能知道嗎？

女人：我兒子竟然說，你們把她送去讀女校時就應該想到會有這一天了。我先生聽了很不高興，說妹妹那個學校好得很，至少書讀得比你好！唉，吵架都沒好話。//然後不知道怎麼就扯到那件事。

男人：//你知道我兒子說什麼嗎？他說，你不應該幫她決定的，她當時已經二十七歲了。

女人：//我先生好生氣——

男人：//「我哪有幫她決定！她自己找我商量的！而且我是爸爸，本來就應該為你們做最好的打算！」

女人：他的腦袋就是那樣，我們這個年代的男人有點責任感的，就是拚了命在解決問題。女兒不諒解我們告訴哥哥，更不諒解為什麼我叫她自己去跟爸爸說，還跑去做那種很貴的心理治療——

男人：我後來才知道，我女兒跟她媽說時，我老婆竟然開始說起當年墮胎的事，講得一把眼淚一把鼻涕，只顧著哭也沒問女兒怎麼想……講以前的事幹嘛呢？現在的事都處理不完了。（停頓）那是民國六十年的事，她還在讀書……如果帶著小孩嫁進來，羅老爸羅老媽絕對不會給她好臉色的。我是她的第一個男朋友……實在對她很虧欠……

女人：心理治療！有這麼嚴重嗎？怎麼女兒比我還傳統。她說沒辦法跟別人討論這件事，因為每個人都要告訴她應該怎麼想。

男人：後來我存到一點錢，就立刻結婚。沒多久竟然順利懷上我兒子，我好高興。但居然又懷孕了。當時我們還住在我媽家，雖然我媽有時會幫忙帶，但我常出差……下下策只好拿掉，但這次，是在這家醫院做的正規手術——

△女人拿起保溫壺走向飲水機加熱水

（停頓）女兒手術後，很不開心叫她媽去安慰也沒用。女兒還反過來罵我，說媽媽一直都覺得自己身體壞掉了——

飲水機：請按解鎖鍵。

△男人發現聲音，打斷自己的話搜尋音源。女人又按一次，解鎖鍵不靈敏，

按到別的按鍵

飲水機：請按解鎖鍵。請按——開水重新沸騰。

△男人轉頭看著飲水機發出加熱的聲音，女人站在一旁等著

男人：這個東西自己會加熱！（起身往上舞台，看手錶）進去快一個小時了，我都忘了老婆剖腹產的時候搞了多久。我剛說到哪？女兒說媽媽身體壞掉——（立刻轉變）哪有壞掉！媽媽後來不是健健康康生了兩個小孩。第一次是很危險，我也很後悔，但有什麼辦法？大家都是這樣處理的！如果當時沒有做，硬是結婚生下來，

絕對不會有現在好——（突然矛盾，話吞回去）哎，現在這樣算好嗎？馬上又要養一個女孩，誰知道將來會怎樣……我昨天來看她的時候，覺得怎麼好像哭過。她說突然有點害怕，我安慰她現在醫學進步了，很少生小孩會死掉的。而且莊醫生很細心不要怕！

女人：治療師說，有些小孩會為了成全媽媽而接受這個安排。（自問）真的嗎？（停頓）她聽了就決定不再吃素了。有次她跟朋友轉述治療師說的話，那個人我見過，夫家很有錢，是兩個小孩的媽媽。明明知道我女兒感情一直都很不順，她卻說什麼：「沒有人會接受墮胎者的自我欺騙。」她還帶我女兒去找一個氣功老師，說她需要被清理乾淨。（彷彿對著女兒）「你不用管別人怎麼想，生命是自己的。那種朋友不要也罷——」

△飲水機滾沸的聲音在沉默中迴盪許久。女人把保溫壺放在飲水機上，從包包裡拿出智慧型手機，用語音傳 line

女人：你們到哪裡了？

女兒 OS：（背景吵雜，語氣不耐）我在校門口已經等了半小時了，沒看見人，拖拖拉拉的不知道在幹什麼——

女人：好好講，到了這個節骨眼，你們母女倆不要再吵了。

△男人走向飲水機倒冰水。飲水機發出咕嚕咕嚕的聲響。女人抬頭看了一眼飲水機，彷彿像在看男人。男人想加一點溫水，還在加熱中無法出水。兩人往對方光區走去

△燈光轉變

男人：我們家總共六個小孩，但其實大姐上面還有一個。當時他們還在四川，羅老爸在軍中補給很好，羅老媽大概是吃得太補了，小孩太大生不出來。當時也沒有什麼手術，只能二選一，要保大人還是保小孩。結果就直接在肚子裡放血，把小孩弄小，產出來。那胎還是男的。每次聽我媽媽講都好難受。那不叫墮胎了，是殺人。

女人：我媽為什麼只生了我一個？我生完第二胎後，有天在媽媽家包餃，我媽突然語重心長叫我去結紮，說這樣乾乾淨淨，少受點罪。（停頓）當時我很難理解，才知道她懷我的時候兩次大出血，差點沒保住我。醫生說如果她再生一定會死。但我爸很想要一個男生，我媽叫他要生去跟別人生去！我爸只好妥協，但他不願結紮。我媽就去了。（停頓）媽媽一直很不認同我的決定，她說最笨的女人就是讓自己沒有選擇。

男人：有時我會做夢，夢到我老婆難產，要二選一。我選擇留著我老婆，但她還是死了。

女人：有時我會幻想，如果當時我告訴爸爸媽媽，結果真的會不同嗎？

△飲水機煮沸完畢聲響。男人走回飲水機用紙杯裝溫開水。飲水機咕嚕咕嚕響。女人轉身看飲水機，按下解鎖鍵

飲水機：開水滾燙請小心使用。連續出水。

△男人退一步，狐疑看著飲水機。女人退一步出神，水持續流著。男人碰觸開關，水才停止。兩人一連串動作都差點碰觸到彼此。男人回到左區，女人回到右區

△燈光轉變

男人：現在我真的是鬆了一口氣！名字還沒有取好，乳名叫小乖。

女人：我女兒懷上小乖時，我其實很高興。

男人：我們希望她能乖乖好好地長大。

女人：她說要自己養，我沒有反對。

男人：哎一開始我的情緒也很複雜啦，不知道她什麼時候又交了男朋友。這次更精彩了，她說對方是她的俄羅斯客戶，沒有要來台灣。

女人：我先生不以為然，兩人又吵起來，女兒嫌他干涉太多。

男人：（對著女人）我干涉太多？你自己是不是太隨便了？把你養到那麼大，哪一個決定不是為你好？如果當時你把小孩生下來，現在可以那麼自由自在一天到晚在外面吃吃喝喝，想出國就出國？你不應該謝謝我嗎？叫你偶爾回家吃個飯就板著一張臉，看什麼都不順眼，我們欠你什麼了？

女人：我一直在想，到底改變哪一次決定，我現在可以不用坐在這裡——

男人：（對著女人）你還要不要結婚嘛？帶著小孩以後誰會娶你？都

三十幾歲該長大了吧？自以為很帥氣說不需要男方知道，你真的有那個本事嗎？

女人：還是說，人生一切早就選擇好了。這輩子我們就是要來理解為什麼做了這些選擇。

男人：有本事自己去生！幹嘛跑來跟我說？要我幫你養嗎？！

女人：她就低著頭不說話，任他爸爸發瘋。然後突然說——

男人：家裡至少需要一個男人，小孩沒有爸爸怎麼長大？

女人：（對著男人）「爸爸只會讓女人墮胎。」

男人：你說什麼？

女人：（對著男人）「什麼樣的男人會讓老婆墮那麼多次胎？」

△男人舉起手作勢要打女人，女人掩著頭，停頓良久

男人：（男人從口袋拿出手帕擦臉）我從來沒有打過女兒……

女人：我跟女兒說，那不叫墮胎。因為那還不是一個胎兒。而且現在醫術很進步，莊醫師真的很好。她問爸爸都不在乎嗎？

男人：我真的……好後悔。

女人：沒辦法，我們的體質就是容易懷孕。

男人：坦白講，我真的不覺得那算是個生命。

△停頓

女人：好像就在那一刻，我突然想通，為什麼那手術在我女兒心中留下那麼多東——

男人：（安撫）你到底有什麼過不去的？

女人：因為她重新認識了我們。

（對著不存在的女兒說，走到男人身旁）你記得當時手術出來，你一看到我就哭著說：覺得自己不孝。我被這句話嚇到了。因為我曾經也說過一模一樣的話。那時我跟著你哭，老實說不是在心疼你，而是我想到自己的事，忍不住哭了。

我們在結婚前就拿過小孩了。那時我還在讀夜間部，認識了你爸爸，他當時在跑船，我們相聚的時間不多，每此見面都捨不得分開。我發現自己懷孕的時候，真的嚇到了。我還在讀書，不敢跟你的外公外婆說，也不知道跟誰說，只好寫信給你爸。信過了好久才到，他一收到就聯絡大姐。但當時你大姑媽也還沒有結婚，不知道怎麼辦，就去問一個已婚的朋友，兩個人到處打聽到一個密醫。我真的好無知，什麼都不懂，就傻傻跟著去。下午做的手術，晚上回家睡覺睡到一半肚子痛醒，流了好多血。我叫外公來，他二話不說叫了計程車送我去急診。

當時遇到一個很好的醫生，他一看就知道發生什麼事了。會子宮穿孔，要立即開刀處理，外公一直強調我是學生，還在讀書。最後醫生在診斷書寫下：割盲腸。

整個過程中，外公沒有對我說任何一句話。我躺在急診室的病床上，跟他說：對不起。我很不孝——就跟你當時跟我說的一樣，所以我懂你的感受，沒有照顧好自己好像很對不起愛你的父母，就像外婆以前最常說的：身體髮膚受之父母。

可是，真的是這樣嗎？

我聽到你也這樣反應時，想了很多。時代已經變了，我們母女倆的思想怎麼會停留在一樣的死角呢？你可能會覺得我這樣講很奇怪，但以前你小時候近視一直加深，你有覺得對不起我們嗎？大學時亂吃減肥藥搞到內分泌失調，還有去滑雪骨折的時候，你會想到要跟我們道歉嗎？那為什麼懷孕拿小孩這件事，會讓你這樣反應？難道我們都覺得自己的子宮是需要對別人交代嗎？還是我們沒有在過程中好好尊重自己的意願？我或許沒有選擇，但你有的，不是嗎？

我不會一直去想過去的事，生命就是要繼續走下去。當我子宮異常出血的那一刻，我知道我的業力來了。也許當我經歷第一次那個災難，後來又做過那麼多次手術，這一天注定會來到吧。

△女人回到右舞台

男人：我都有陪我老婆來複診。莊醫生看到我還會特別跟我打招呼，說：「羅伯伯，太太的情況很穩定喔，不要擔心！」每次她這樣講的時候，我都感覺到其他人在看我，還是有點不好意思。我年輕的時候絕對不會坐在婦產科外面的，多彆扭啊，一個大男人的。現在時代不一樣了，十個孕婦裡至少有一個會有老公陪，以前哪個男人陪老婆產檢？我還陪我女兒來做羊膜穿刺呢。突然有點擔心，我停好車就坐在這裡等她。莊醫師跟我說恭喜要抱孫女了！

女人：莊醫師說要整個子宮拿掉時，我又被自己的想法嚇到了，我想：

那我還是一個女人嗎？但隨著時間過去，好像解脫了。我先生還在的時候，都會陪我來複診喔。莊醫生很可愛，每次看到他還會特別打招呼說：「羅伯伯，太太的情況很穩定喔，不要擔心！」她這樣講的時候，我都感覺我先生很驕傲！年紀大了就沒有那些奇怪的男人面子，以前要他坐在婦產科外面是不可能的！別說懷孕產檢了，我後來幾次做手術他也沒有每次都陪我，還是我根本沒跟他說……最近不是一直在吵什麼提高墮胎罪罰款和優生法，我才知道原來法律規定已婚婦女需要先生在場簽同意書，但我怎麼沒印象……可能跟莊醫師太熟了吧。我先生會送女兒來產檢，我當時在治療，抵抗力差他叫我不要跑醫院。有天他用很複雜的表情告訴我莊醫生說是女孩。其實我早知道了，只是故意瞞著他。

男人：(起身查看)都一個多小時了，怎麼還沒出來？還沒進恢復室嗎？我都這個年紀，還要經歷這些也真是命吧。哎，總之順利生下來我就不管了！自己的小孩自己養——(拿起電話撥號)老婆又不接電話！到底在幹什麼……我再去個廁所——

△男人離場

女人：小乖出生後，我女兒得了很嚴重的產後憂鬱。她一直在換工作，直到這兩年才終於穩定下來。我先生前年年初走了……他一生都在幫我們解決問題，自己的問題卻放著不管。攝護腺癌發現得太晚。他走前，最放不下的就是小乖。他說，我們一定要讓女孩子平平安安長大。

小乖從幼稚園到小學都是我先生去接放學。以前當爸爸該做的事，全都還在孫女身上——可是無論如何，我們都不是當父母的那個年紀了。

小乖五六年級的時候，我先生說小乖叫他以後不要來接她。她跟她媽說，爺爺身上有老人味很臭，朋友笑她爸爸很老。我聽了好難過，但還來不及反應，我女兒就一巴掌往小乖揮過去——真是糟糕。後來我先生就不去接小乖放學了，國小一畢業就被送去住校。我一直提醒女兒要記得常常跟小乖聊天，不要像我們以前什麼都不說。

△男人進場

男人：小乖叫安曦怎麼樣，羅安曦。我滿喜歡曦這個字，一聲上揚，有朝氣，平平安安的未來！不錯，我得寫下來，否則記不住——

△他拿出口袋的小筆記本，書寫

女人：上個月周末，女兒出差小乖來住我這，我發現她在網路玩遊戲跟人家聊天聊了通宵，講話的方式很親密。我問她在跟誰說話，她說是一個台大的哥哥。我把這件事告訴我女兒，兩個人不知道怎麼講的，我女兒說那根本就是變態騙子，但小乖不相信，她氣到把小乖的手機砸爛——

男人：還是羅安萱。萱草是一種代表忘憂的花，表示平安無憂……

女人：我說現在小朋友沒有手機怎麼活，而且這樣萬一真的出事了你也找不到她——但我心裡又不想插手這些，這是她們母女的功課——現在……我突然好想念我先生——

△女人看向男人

男人：還是羅安娜……

女人：我唯一想到的方法，就是把小乖帶來給莊醫師。我上周幫她掛了號，陪她來，就在這裡等她，請莊醫生把女人所有應該知道的事都講給她聽……

△燈又開始閃爍

男人：怎麼搞的——
女人：但還是晚了一步……小乖才高二，才十六歲。

△燈又閃爍，女人抬頭看

女人：我先生說家裡不可以裝這種燈。因為它會一直閃下去，直到你受
不了……（手機響）

護士ＯＳ：／／羅小姐的家屬，請到恢復室。

女兒ＯＳ：／／媽，我們在上樓了。

△男人女人同時起身離場

△飲水機發出咕嚕咕嚕的聲音，迴盪在整個空間裡

chapter 5 :

訪談故事 | Profiles

關於她們的故事：十三位人工流產經驗者的採訪集

吳曉樂 | 作家

居於台中。喜歡鸚鵡。魂系遊戲玩家。著有《那些少女沒有抵達》、《致命登入》、《我們沒有祕密》、《上流兒童》、《可是我偏偏不喜歡》、《你的孩子不是你的孩子》。

（按文章出現順序排列）

麗詩——六十歲，育有二子，此次年紀最長的受訪者

小吉——三十二歲，兒時生長在外公頻仍施暴的環境，高中畢業後即踏入職場

橙——四十二歲，年輕時，在未被告知的前提下，完成了人工流產手術

瑞荷——三十二歲，有同母異父的手足，母親疑似患有精神疾病

陽陽——四十歲，生下女兒後，第二胎產檢的結果是唐氏症

姝濃——三十七歲，被陌生人強暴並懷孕

妮婭——二十八歲，被補習班老師強暴並懷孕，在密醫處進行手術

淇淇——三十歲，交往的對象仍處於婚姻關係

筱茜——四十歲，童年在英語系國家居住

若織——三十八歲，原住民，家中信仰天主教

法蘭絲——四十四歲，育有一位特殊兒

美夏——五十五歲，曾任 RU-486 藥廠業務

世景——四十歲，不確定胚胎「生父」是決定墮胎的原因之一

因涉及重要個人生命經驗，為保護受訪者隱私，所有受訪者皆以化名呈現，且在盡可能呈現其經驗的前提下，包含但不限於年齡、地點、職業別，皆可能進行一定程度的調整。去識別化的強度主要與個人身分、背景、經驗被特定人「一望即知」的程度相關，有些受訪者即指明，若說出她的部分資訊，對該領域有研究的人說不定能一下子就聯想到本人是誰。針對這種情形，去識別化的強度就會提高。此外，我們也會按照受訪者的想法來調整，有些受訪者希望低度去識別化即可，在此我們會以受訪者的意願為優先。我們希冀在如實呈現與受訪者日子安定之間求取最大平衡。如有雷同，純屬巧合。

1 無論你是否要成為母親，你都曾經是個孩子

設計問卷時，我們請受訪者簡單描述自己的家庭。這部分來自我們從生命經驗裡萃取的假想：好比說，今天有位女人，暫且給她一個名字，蘋果。蘋果二十九歲，懷孕了。被問及要不要生下小孩，蘋果會考慮哪些因素呢？我猜，蘋果會想到自己的生涯規畫，她說不定正在爭取一個外派至歐洲的機會。蘋果應該也會顧慮精子提供者的意見。如果「那個男人」清楚地表達他有撫養的意願（或者反之），蘋果大概多少會受到動搖。蘋果應該也會計算一下經濟狀況，他們，或者她可以提供孩子怎樣的生活？今日，台灣社會的共識是：養小孩要比生小孩困難多了。不過，蘋果難道只在乎「目前」的一

切情狀、條件嗎？我們認為，蘋果過往的「歷史」必然也形成了某種作用。訪問時，有些受訪者呈現出的立場正是如此，決定要不要生下小孩時，她們的思緒頻繁地重返童年，做為孩子的經驗，發揮了重要的影響，甚至遠大於其他的因素。

那個年代就是這樣

坐下不久，麗詩止不住微笑地說，「我應該是你們這次採訪，年紀最大的吧」。麗詩上小學前，父親就病逝了，擔任公務員的母親扛起扶養三個孩子的重擔。母親採取極度權威的教養方式，麗詩舉例說明：她在學校的裁縫課學到「縫份」這個詞時，腦中好像有顆燈泡被點亮了，媽媽就是一個縫份很窄、很窄的人。麗詩的父親還在世時，日日流連花叢，丈夫的不忠是麗詩母親心中的一根刺，一談到「性」，麗詩的母親不是埋怨先夫，就是警告麗詩，女人要保護好自己，不幸被性侵的話，「一生就毀了」。母親口中的性，充斥著「不潔」跟「禁忌」的成分，麗詩只能從西洋小說、髮廊的女性雜誌，隱約探索性的外觀與輪廓。大一那年，麗詩交了第一任男友諾森，在一起沒多久，諾森就迫不及待地撫摸麗詩，麗詩嚇壞了，愣在原地、不知如何反應。許多年後，麗詩認定那次接觸是「性騷擾」，只要諾森有仔細觀察，應該會發現麗詩的反應「不像是同意」。麗詩語氣一轉，直言那個年代的性教育，每個人都是零分。她不特別責怪諾森。然而，這段戀情旋即浮現另一個問題：「諾森時常利用社會對女性的約束，讓我必須待在他身邊。以現在的用語來說，我被諾森ＰＵＡ了」。

為了離開諾森，麗詩選用了一個「玉石俱焚」的策略，她謊稱自己懷孕，且獨自完成了流產手術。諾森的雙親都在大學任教，「讓女友拿掉孩子」的流言若傳入諾森父母，甚至外人耳裡，諾森必然會受到很大的抨擊。如麗詩所料，誠惶誠恐的諾森不得不答應了分手的請求。某程度上，麗詩借用了人們對流產手術的「羞恥感」，讓自己從一段不健康的關係抽身。

一邊讀著印出的採訪大綱，麗詩閒聊似地說起兩樁往事。一九八五年前後，麗詩在大學附近的公共電話亭見到一本小冊子。麗詩好奇地拿起、翻閱，內文原來是嬰靈的介紹。這是麗詩第一次認識所謂「嬰靈」。麗詩的說法，註記了一個「嬰靈」信仰廣泛流傳的時間點。除此之外，麗詩也談到，她開始性生活的年代，保險套的來源主要是衛生所跟販賣機，不過，麗詩說，人們對於要走進去衛生所購買保險套感到卻步，好像是告訴大家，你們今天要做愛。販賣機又往往陳設在人潮聚集的十字路口，渴望性的人們被羞恥感困得裹足不前，退而將就其他有風險的避孕方式。麗詩的哥哥、嫂嫂婚後仍缺乏踏入衛生所，索要保險套的決心。麗詩喝了一小口黑咖啡，帶著點哭笑不得的語氣，「兩人的第一個孩子就是這樣懷上的」。

跟諾森分手之後，麗詩跟永赫談起戀愛。眼光很「毒」的母親，竟非常喜歡永赫，破天荒地允許女兒跟永赫在學校附近合租一間三房公寓，同住的還有另一對情侶。大學畢業的夏天，麗詩跟母親飛往東京，探視迎來新生兒的哥哥跟嫂嫂。搭機前，麗詩已出現「害喜」的症狀。接下來一個月，麗詩在哥哥、嫂嫂窄仄的住處裡，提心吊膽地掩藏著懷孕的事實。孕初期有些微出血，麗詩跟嫂嫂商借衛生棉。麗詩事後猜測，敏銳的母親必然感覺到「哪裡不太對」，但她選擇不戳破，母女倆多年來守持著心照不宣的默契。待飛機一在台灣落地，麗詩不敢耽擱，前去跟永赫會合。兩人都同意正在謀職的他們，留下孩子的想法很不切實際。永赫提議他可以回家告訴母親，上萬的手術費跟後續的營養補給都有人張羅。麗詩否決了，她想著，自己可能跟永赫踏上紅毯，「擔心給未來的婆婆留下不好的印象」。麗詩說，自己當年最主要的心理壓力其實是要如何籌出手術費，那不是筆小數字，好不容易籌到了，她跟永赫挑了一間同時設有婦產科跟小兒科的診所，若被熟人撞見，她還可以說是看感冒。胚胎的周數不小，引產時麗詩很緊張，拚命給自己打氣「要撐下去」，她也擔心若自己在手術台上有三長兩短，永赫要怎麼跟別人交代。

麗詩後來跟永赫因其他原因而和平分手，談了幾場戀愛，遇到了佑行。正在準備留學考試的佑行，鼓勵麗詩一起申請學校。麗詩收到錄取通知，佑行卻落榜，得再捲土重來。即將飛往美國進修時，麗詩懷了佑行的孩子，她分析了一下跟佑行的感情，早已同床異夢，索性一個人前往醫院，完成子宮擴刮術。注射藥劑時，麗詩感到一股寒意，詢問護理師有沒有毯子，護理師冷冰冰地回「都這樣子了（墮胎），還在意這種小事」。麗詩聯想到第一次手術，動刀的是一位約莫四、五十歲的男醫生，「很專業，但問診時多少給我一種，這是你自找的」。就像麗詩不特別責怪諾森，她也不怨懟自己在此受的待遇，「那個年代就是這樣，你要找到一個對這種（做人工流產）患者不抱偏見的醫護並不容易」。

術後，麗詩跟佑行說了手術的事，佑行反應很平淡，考慮到分隔兩地，麗詩跟佑行協議分手。過了幾年，麗詩跟佑行在美國巧遇，兩人重修舊好，並登記結婚，生下兩個孩子。婚後，麗詩流產過兩次，有生物學知識的麗詩，判斷年齡是主因，佑行卻無端提起麗詩之前在台灣曾接受墮胎手術的歷史。麗詩才後知後覺，佑行自始至終沒放下這件事。

麗詩的兩個孩子都是在美國出生、長大，一次，跟孩子聊到親密關係，麗詩想要多談性行為，孩子回，We're adults。言下之意是，他們明白。麗詩如釋重負，孩子們在學校接受到完整、清楚的性教育，他們活出了不同的人生。

女人都在煩惱別人的評價，而不是我要怎麼想

小吉年紀很輕，三十歲多一些，按理說，小吉讀高中時，台灣已是高教普及的階段，不過，小吉在最高學歷那欄，填了高中。我跟小吉約在古亭站一間餐酒館，她下班後，從公司趕來。小吉以外公開啟對話。她對「家」最早的印象，就是「會打人的外公」。[1]外公一喝醉，就會痛打家人，小吉的外婆、阿姨跟母親、身為長子的舅舅，無一倖免。而這樣的暴力，遠從小吉母親年紀尚幼就開始了，未曾間斷。小吉推測，母親跟阿姨年紀輕輕就懷了孩子，部分是追求愛情，部分是為了遠離父親的暴力。但，就像典型的「從火坑跳入另一個火坑」敘事，小吉母親的願望落空了，她只好把女兒抱回老家，請母親照顧，自己留在外地工作，一個月回家一次。小吉認定外婆才是

「媽媽」。外婆會保護她，阻止外公的拳腳落在小吉身上。

從小，小吉的直覺告訴她，外婆的隱忍，或像母親那樣躲得遠遠的，都「沒有用」。她國小就懂得在圖書館查詢離婚、正當防衛的法律條文。升上國中，一次，眼見外公又要施暴，小吉抄起木椅，對準外公用力猛砸，「如果沒有把外公砸到不能動，接下來我一定完蛋」。外公事後住院了幾天，出院後，再也不敢像從前那樣放肆妄為。小吉的家人成了夾心餅乾，不知該站在哪一邊，小吉說，她從這件事學到，「只有依靠自己，才能結束這恐怖的暴力遺傳」。為了讓自己活下去，小吉養成了強硬的作風，「只相信自己」

1 註：以性別平權觀點，父母的雙親不應再有內、外之分，二〇二〇年，台灣教育部線上國語辭典亦據此調整，但本訪談以還原受訪者習慣稱謂為首務。後面若再有出現外公、外婆等詞，理由亦同。

的背後，是安全感的匱乏。

母親表示無法支應小吉升大學的開銷，小吉果斷地踏入餐飲業，從外場一路做到主管。小吉感謝這份工作的存在，「我學到不少待人處事的技巧」。工作幾年，外公病逝，小吉才消化了這件事實，就收到外婆上吊自殺的消息。小吉不是不明白外婆的苦，但她還是很訝異外婆挑了一個「快要看到曙光」的日子。小吉最終還是釋懷了，她研究過憂鬱症，知曉外婆這樣的憂鬱症患者，有可能是好不起來的，她也想不到有誰可以舒緩外婆的憂鬱。

二十五歲那年，小吉忘了準時服用避孕藥，懷上男友的孩子。診間的醫生告知周數，「你們有要這個小孩嗎」。小吉跟男友商量了一會兒，不免想到自己的身世。小吉的母親沒有獨自照顧小孩的條件，把小吉送往自己也避之唯恐不及的環境。小吉不否認母親愛她，但除了愛，小吉認為小孩也需要陪伴。她之所以順利地活下來，與其說是大人的照顧，不如說她很幸運，頑強的個人特質拯救了自己。小吉拋出一個問題，「誰可以保證這孩子跟我一樣幸運」？此外，男友也提出小吉無法接受的條件「如果要生孩子，就要結婚」，經過幾次來往，不見有誰退讓的趨勢，小吉服用藥物，終止懷孕。

小吉之前很少拿「嬰靈」這問題來為難自己，終止懷孕後某一天，她沒來由緊張起來，「小孩會怪我嗎」。小吉苦思良久，有一天她領悟到，「我能夠理解我媽的苦衷，難道我的小孩不能體諒我嗎」，「就算祂要糾纏我，祂是我的小孩，又能對我怎樣」。內心一有了定見，小吉不再恐慌。這幾年，幾位非預期懷孕的親戚、朋友特地請教小吉的意見。小吉會說出自己的故事、想法給對方參考。幾次的陪伴，小吉也注意到，「女人都在煩惱別人的評價，被知道我做了這件事（墮胎）怎麼辦，之後如果跟其他人交往，要怎麼交代；而不是我自己要怎麼想、怎麼走過這一切」。小吉覺得如果下一任對象會在意，不妨趁早斬斷情愫，「那就表示他對我的感情沒有多深」。

小吉也認為。不只懷孕、生產，生命中各個重要的十字路口，都要先把自己放在前面的位置，後做選擇、為這選擇扛起責任，而不是讓別人來替自己的人生做主。「對你要不要生小孩說閒話的人，不會幫忙養」。

我倒在床上，後知後覺小孩沒了

橙的父親白手起家，創辦營造公司，隨著建案移動、移居，橙的母親從旁協助管理。橙本來跟祖父母生活，但祖父母不情願照顧「孫女」，橙的父母把橙跟後來出生的兒子，轉給橙的外祖父母照顧。橙也自然而然地把外祖父母視為「心中的爸媽」。橙十歲時，外婆病倒，橙跟弟弟被委託給其他親戚。親戚看出了橙的父母偏心於兒子，對橙愛理不理，提供的吃食與日用等級也差一些。橙半嘲諷、半認真地說，「我過著比孤兒還不如的日子，孤兒至少可以去孤兒院，在那裡交到朋友」。

過了幾年，父母在祖父資助下，買下一間透天厝，一家四口終於住在同一個屋簷下。父親維持出外打拚，母親則把一樓改裝為雜貨店，經營小本生意。母親的管教讓橙幾乎要窒息，她逕自給橙報名了鋼琴課跟補習班，一旦橙表現未達標準，母親就把橙剝得一絲不掛，拿延長線綁住橙的手腳，再以任何手邊「現成」的工具，諸如皮帶、衣服、水管，把橙打到遍體瘀青。橙十三、四歲就罹患嚴重的睡眠障礙，外公、外婆陸續過世之後，橙受到了莫大的打擊。橙形容自己那幾年儼然過著行屍走肉、舉目無親的日子，卻沒人聞問。

就讀高中時，橙前往母親朋友林阿姨的服飾店打工。服飾店有一位大橙三歲的員工維成，維成就要升大學，趁著暑假賺點外快。維成時時對橙噓寒問暖，一次，橙上班途中淋了雨，維成趕緊抱來毛巾、為橙擦乾頭髮。維成是繼外公、外婆之後，第一個給橙安慰的人。因此，維成詢問橙要不要去他家玩時，橙答應了。維成的父母習慣在自家公司處理工作，直到黃昏才返家，橙的母親也有雜貨店要看管，那是手機尚未普及的年代，橙跟維成享受著無人打擾的寧靜。第一次前往維成家，維成送給橙一件洋裝，橙感動地流下淚水，維成抱住了橙，橙形容這擁抱「甜甜的，很幸福」。橙又前往了維成家幾次，擁抱不知不覺升級為愛撫。從來沒有人告訴橙「性」是什麼，健康教育課老師也草草帶過。當維成嘗試再前進一步，橙腦中一片混亂，接下來會發生什麼？她是不是該制止？但，制止了會不會失去維成？

直到維成射精，橙都不知道「結束」了。今年四十好幾的橙，緩慢而不失堅定地說，「我不覺得自己被維成占了便宜」。維成給了她珍貴的陪伴，且兩人的性互動，橙感覺得到，維成也很生澀，沒有什麼惡意。

橙跟維成的交往，因林阿姨告狀而浮上檯面。母親衝入服飾店，給了維成一巴掌，轉頭質問橙，為什麼久久沒有在浴室看見她換下的衛生棉？林阿姨買來驗孕棒，橙被命令去廁所驗孕，母親沒有一秒停止怒罵：「活這麼多年，從來沒用過這麼下流的東西。」橙深呼吸，換上一個平靜的語氣，「那個年代（指一九九〇年代前後），又是鄉下，什麼都不能說，什麼都不清不楚。我不知道女人懷孕，月經就會停止。我媽也不知道什麼是驗孕棒，才會說那是下流的東西。」

懷孕的結果一顯示，橙渾身顫抖，她並不懷疑，母親絕對會把自己打到「只剩半條命」。林阿姨感受到橙的恐懼，堅持留橙跟自己過夜，勸橙的母親「回去冷靜一下，明天再來接她」。幾天後，母親拉著橙去找維成的父母問罪，維成的父母把兒子罵了一頓，同時釋出「負責」的誠意，橙的母親冷聲拒絕。至於橙，她花了幾天去消化「肚子裡有一個小孩」的事實，且做出一個慎重的解釋：這個小孩是繼外公、外婆之後，她獨一無二的家人。受訪的兩小時，橙不斷提起，兒時很寂寞、太寂寞了，她此生都在渴望穩定、恆久的陪伴。

　　橙以為自己將安然生下這個孩子。幾天後，母親把橙帶往一間外觀陳舊，燈光昏暗的診所。循著護理師的指示，橙躺上手術台，護理師懸掛起一個點滴狀的軟包，橙不疑有他地想，「是給我補充營養的」。母親坐在角落的椅子上，雙眼泛紅，嘆了一口長氣，橙才想到事情似乎有蹊蹺，下一秒陷入昏睡，她感覺下半身一涼，腳趾跟腳底板傳來陣陣刺麻。等橙恢復意識，全身力氣盡失，只能任母親攙扶著，回到家裡。翌日，母親端來一碗藥，橙以為是安胎的，喝了幾口就放下，母親冷不防指著橙大吼，「你小孩拿掉，你整組身體都歹去了，你這碗藥不喝下，你看你以後要怎樣」。橙驚恐地吞下補藥，母親不耐地收過空碗，頭也不回地離去。橙倒在床上，懵懂的疑猜逐漸化為殘酷的事實，「小孩沒了」。

日後，維成的母親千方百計找上了橙，問候橙的身體，也跟橙道歉，「阿姨真正很歹勢，沒有把兒子教好」。橙得知維成休學了，他到家裡的公司上班，想證明自己有成家的資格。提到維成的母親對自己百般珍惜與歉疚，橙一度哭得上氣不接下氣，採訪於焉暫停了，讓橙放一放情緒。橙休息了十來分鐘，繼續說了下去，敏銳的母親察覺女兒跟維成重燃舊情，這一次，她賣掉房子，舉家遷徙至遙遠的城市。理性上，橙不是不懂母親的難處，若女兒年紀輕輕就生子，不只是橙，橙的母親說不定也會被這生命給「拖累」。感性上，澄還是為了失去孩子而悲傷不已。橙也不同意母親對維成的惡感，她淡淡地控訴著，「要不是我的父母沒有做過一天稱職的父母……」。

澄沒否認自己走過歪路，「我出生在一個不知道該說幸運，還是不幸的年代，從保守、封閉，一下子有了飆車族、夜店、搖頭丸」。遇到現在的丈夫，橙才過上了多數人眼中「正常」的生活。可惜十六歲的手術似乎種下了後患，橙動了六、七次手術來處理嚴重的子宮沾黏。婚後，她經歷了十次人工生殖才生下兒子。如今，橙為了二胎所做的療程，十根手指頭也數不完。

橙知道自己太執著了，但執著底下埋藏著悲哀的寄託。幾年前，橙收到弟弟的道歉，弟弟向橙懺悔，不應該漠視姐姐在家庭裡所受的委屈。姐弟倆好不容易和談了，不久弟弟竟死於車禍。十六歲猝然失去孩子，三十幾歲失去弟弟，橙的寄託放在第二個孩子，陪伴她，更是陪伴兒子。

世界上原來有形形色色的情感與性關係

瑞荷的外公是跟隨軍隊撤退到台灣的外省人，在家鄉已跟妻子生了二女一男。來到台灣，跟瑞荷的外婆成家後，外公期盼在台灣也生一個兒子，偏偏夫妻倆接連生了五個女兒。瑞荷的母親是老三，結了兩次婚，第一段婚姻生下一女，因前夫家暴、外遇而離婚。瑞荷是母親跟第二任丈夫所生的孩子。瑞荷的父親是派駐離島的軍人，久久返家一次，瑞荷從小跟外祖父母、媽媽、同母異父的姐姐、弟弟同住。瑞荷有印象起，外婆跟母親就吵個沒完，唯獨說到瑞荷的姐姐，母女倆難得立場一致：某某（姐姐生父姓氏）家的果然就是這樣。縱然姐姐日後改從母姓，瑞荷的母親跟外婆在抱怨姐姐時，仍戒不掉這句口頭禪。

母親讓瑞荷學到，「婚姻不幸福的話，是可以離開的」。

瑞荷國小就從百科全書、遊走在色情尺度邊緣的少女漫畫，吸收了一些性知識。不過，她記得國中時，老師播放班．史提勒跟卡麥蓉．狄亞主演的《哈拉瑪莉》，瑞荷看不懂男主角自慰「射了什麼」，班上的男同學倒是狂笑不止，瑞荷後來被告知那些白濁的液體是「精液」。國中升上高中，瑞荷在小說裡讀到越來越具象、完全的「性」，在這些文本裡，性是戀愛的一部分，憧憬戀愛的瑞荷不自覺嚮往起性。《壹周刊》也是瑞荷的教科書，有些專欄會以中性的視角報導一些非主流的人生，瑞荷豁然開朗，世界上原來有形形色色的感情跟性關係。像是年紀輕輕就生小孩的女人，也像是同性戀。

大學期間，瑞荷跟男友叡書發生了第一次性行為。瑞荷在PTT女性性板（feminine-sex）學到許多實用的資訊，像是安全期避孕法並不「安全」。瑞荷採用保險套避孕法，且要求叡書全程戴著。一次性行為結束，叡書說「套子滑掉了」，瑞荷不禁兩難，她應該要去拿事後藥，但幾天後就是期末考，她分身乏術，只好把此事暫拋腦後。幾個禮拜後，婦產科的診間裡，醫生說出瑞荷最不想聽見的事實，她懷孕了。瑞荷腦中一片空白，下一秒，她沒問緣由，直接詢問醫生「如果不要留下，接下來要做什麼」。

我問瑞荷，這個近乎「反射」的舉止是怎麼來的？瑞荷交出另一樁童年往事，她十歲那年，弟弟出生了，大人囑咐瑞荷，要盡心照顧弟弟。瑞荷意外發現，自己無法從陪伴幼兒長大，得到丁點樂趣。母親的人生也讓瑞荷很悲觀，母親的一生中都在苦等外婆的愛，哪怕外婆的要求再怎麼極端，母親也會咬牙答應。至於父親，也是陰影的一部分，他在外欠下數筆來路不明的債務，瑞荷的母親為了還債，早出晚歸，沒有一刻喘息。瑞荷看著筋疲力盡的母親，不免自問「我們這些小孩，是不是耽誤了媽媽的人生」。

十八歲那年，母親給瑞荷上了第二堂課。母女聊天到一半，母親不經意說出瑞荷跟弟弟中間還有一個妹妹，但她忙著籌錢，只好拿掉。瑞荷相信母親只說了一半的實話，藏起來的一半是：如果那胎是男生，經濟再怎麼拮据，母親都會硬撐著生下來。但瑞荷終究懂了，「不只離婚，拿掉孩子也是選項之一」。

一走出診間，毅書哀求瑞荷「再考慮一下好不好」。瑞荷盤整了雙方的經濟狀況。瑞荷得半工半讀，延畢一年的毅書則是理所當然地花用父母給的零用錢。但，即使毅書的經濟穩定，瑞荷也不認為她會改變心意，主要還是得回歸到上述的幾層顧慮：她對生養小孩沒有憧憬，也不接受前程因此被耽誤。

從小就聽他人探討「嬰靈」的瑞荷，無形中也吸收了這樣的說法。「讓一個生命無法來到這世界」的虧欠跟罪惡跟隨著瑞荷，她不知道找誰傾訴這樣的情緒，也不知怎麼安撫這個「靈」。毅書的母親不僅支付手術費，更建議「要不要讓這個孩子入我們家的牌位？」，瑞荷沒有拒絕。他們一起給「孩子」命名，毅書的家人找了一位師父，籌辦一場法事，把這個「靈」給迎入家門。瑞荷事後也會不定期地參與一些廟宇的法會，供奉那個孩子。「因為不曉得可以（為祂）做什麼，有什麼可以做的，我都不會說不」。面臨人生的重大抉擇，例如求職，瑞荷也會跟那個「靈」祈求，「祢最近還好嗎？我要找工作，請保佑我」。

毅書在交往初期，有跟其他女人調情的紀錄、失控時也會破口大罵跟摔東西。瑞荷也會，她從小就目睹外婆、媽媽、姐姐朝彼此咆哮跟砸東西出氣，以為所有人都這樣相處。不顧毅書的哀求，執意拿掉孩子，讓瑞荷認為自己「對不起」毅書，即使她對這段感情很迷惘，也沒有資格談分手。「我那時還很白痴（peh-tshi）地想著，等工作上軌道，要跟毅書結婚，把孩子生回來」。瑞荷離開校園後，跟一名女子蔦蔦合租。蔦蔦在很多方面都啟發了瑞荷，她友善、真誠、穩定，無論跟親人、朋友怎麼不愉快，瑞荷都沒見過蔦蔦失控。透過蔦蔦這面鏡子，瑞荷看見她跟家人、毅書的關係都不是很健康。她問自己，拿掉孩子就是不想人生被蹉跎，延續跟毅書這段不甚愉快的感情難道不蹉跎？瑞荷告別了毅書，至於一起生活多年的家人，她也還在釐清。

瑞荷告訴蔦蔦墮胎一事，如瑞荷所預料的，蔦蔦給予了支持與理解。一日，瑞荷問蔦蔦，要不要一起看《紅衣小女孩二》，蔦蔦著急地勸退瑞荷「不、不要啦，我覺得沒什麼好看的」。蔦蔦的反應引起了瑞荷的疑竇，她上網搜尋了一下電影的評論，才明白朋友不想要自己受傷的心情。

我得坦白，訪問瑞荷，有一部分的原因是她在問卷裡特地交代這部電影對她產生的效果。二〇一七年，《紅衣小女孩二》上映，我跟朋友一同進戲院觀看。我沒有被劇情的鬼影幢幢給震懾，反屢屢被驅趕到另一種「恐怖」：女人，無論生與不生，陽世就已歷經審判，竟還得接受陰間的追索嗎。根據編劇簡士耕於《上報》的專訪[2]，「關於拿小孩這件事情，那時候一直掙扎

[2] 註：簡士耕編劇的專訪文字，請參見《上報》網站。(https://www.upmedia.mg/news_info.php?Type=5&SerialNo=25372)

（要不要用），感覺好像反墮胎衛教片」。同一篇文章，簡士耕端出劇組的問卷調查，目標觀眾「高中職女生」最害怕的東西，嬰靈占壓倒性多數，這是他們「掙扎」之後，仍決定「投其所懼」的主因。簡士耕也提到胡淑雯《哀豔是童年》的〈墮胎者〉，特別是嬰靈「從糾纏者成了守護者」的設計，他主張〈墮胎者〉這篇小說的出現，「對嬰靈的理解不可以再像以前一樣保守」，「但是我們《紅衣》又把這個東西往回拉一點，身為一個知識分子會有點介意」。比起理解的前進或退撤，我更在意的是加諸於女性，戲院裡外的作用力。為什麼女鬼遠多於男鬼？台灣文學館於二〇二一年四月至二〇二二年六月的展出，「可讀・性——台灣性別文學變裝特展」提供了部分的詮釋，「女性生前沒有自我捍衛的能力。冤屈，只能寄望超自然的復仇」。人類漫長的歷史裡，女人只有透過鬼的媒介才能沾到一點平權的邊。當然，女人從體制的「受害者」成為一個「非人者」，進而得到強大的願力，這樣的結構並非不值得批判。但我要說的是，恐怖，曾經是女性一個稍稍可以喘息的餘地，至少，在此女性不比男性更恐懼，與現實截然不同。紅衣小女孩不是這樣想的。

換作我是蔦蔦，我也會做出一樣的事。

殺書之後，瑞荷跟一位大五歲的男性交往，她告知自己沒有生小孩的打算，對方的回應是「我也不想」。瑞荷安心地談起了戀愛，交往了幾個月，所謂日久見人心，瑞荷注意到對方的言行透露著對娶妻生子的嚮往，他以為他能夠說服瑞荷，「我超不爽，這表示他一開始就沒有把我的話當真」。那麼，現在呢？瑞荷展示了手上的婚戒，「現任是一個打從心底尊重我的人，跟他在一起，我才知道……結婚……」。瑞荷沒有細說，但臉上浮現的微笑，暗示了她願意。時針的移動提醒著我們，瑞荷下一場邀約就要開始了，她站起身，一邊整理背包，一邊給整段採訪做了結論，「人們對於理想生活的想像，會一直變動的……」。

2 終止妊娠的正當性

說到「生育自主」，人們心中自有一把衡量的尺。尺上的刻度，會隨著時代而產生位移，以「經濟」為例，隨著「密集教養」的風行，家庭的經濟條件成了部分群眾看待生育議題時，審慎以對的一環，擔心「資源有限」而不生、少生的正當性據此提高。再來，「生小孩會帶財」這個說法依然有人信服，但晚近人們也在社群上見到不少為了撫養孩子而負債的故事。然而，有些情形，人們積極支持懷孕的女人終止妊娠，背後的邏輯是「有些孩子不應該來到世界上」。生兒育女本就艱難，若孩子攜帶著終生無法痊癒的疾病，或人們已可預期他/她的誕生會讓生父母的人生陷入前所未有的困境，所謂胚胎的「生命權」，在此被預設有稍大幅度的退讓空間。我們在此探討「特殊兒」、「遭姦成孕」、以及「婚外情所懷的孩子」。

不是只有特殊兒很辛苦，他們的家人也是

說到性，陽陽的家庭隻字未提，她主要是透過新聞、電視影集來摸索。陽陽初步形成的定論是，「女人不要那麼早懷孕」，「女人在親密關係裡還是要配合男人」。二十幾歲時，陽陽因癌症而切除部分子宮頸，即使醫生擔保術後後遺症不至於太嚴重，陽陽還是止不住擔心。三十歲那年，陽陽跟立宇步入禮堂，婚後她搬入立宇家，與立宇家人同住。立宇的母親、姐姐時不時提出的意見，讓陽陽頗有壓力。另一則隱憂是，立宇收入不低，卻是不折不扣的「月光族」。陽陽試圖介入立宇的理財，夫妻倆為此爭執不斷。

陽陽曾經懷上雙胞胎，孕期中醫生宣告胚胎停止心跳，陽陽很心痛，但那

幾個月陽陽的父親也生了重病，陽陽的時間跟存款被切分得很零碎。她安慰自己，以後還有機會。待父親病情好轉，陽陽又懷上孩子，考慮到自己曾動過子宮頸手術、又有胎停的紀錄，陽陽整個孕期極其小心、留意，諮詢不只一位醫生。本來計畫以自然產分娩，豈料產程陽陽發起高燒，醫生臨時改為剖腹。突然的變化讓陽陽失落不已，手頭拮据的立宇不待陽陽休養便算起剖腹產的帳。立宇認為陽陽應該以個人的保險支付剖腹「意外」的開銷，丈夫的精打細算在陽陽心中投下陰影。她懷疑立宇在意錢的程度大於她跟女兒的健康。

女兒的誕生使家中開銷倍增，加深了陽陽跟立宇的矛盾，立宇母親、姐姐慣性的干涉也讓陽陽很疲倦。幾年後，立宇跟陽陽、女兒搬入夫妻倆在立宇老家附近購置的社區大樓，但立宇並不是很情願搬出家裡，也埋怨房貸讓他的財務更加吃緊。陽陽感傷地敘述，「那時，夫妻相見，就好像仇人」。在婚姻裡得不到陪伴的她，轉而對網友H放了很深的感情。這段「不倫」的網路戀情，讓她跟立宇的婚姻險些破裂，夫妻倆反覆談了好幾次，才定案要修補這段婚姻。

幾個月後，陽陽懷孕了，立宇看似雀躍，但出於陽陽的直覺，立宇跟之前不太一樣，他不像第一胎，會抱著妻子的肚子，跟肚裡的胎兒說話。此外，立宇的財務問題從未改善，單單女兒的教育基金，立宇就叫苦連天。陽陽評估風險，「最差的結果就是我拿自己的收入來養」。性別派對結束沒幾天，陽陽收到羊膜穿刺的結果：胚胎的第二十一對染色體多了一條，也就是唐氏症。周數已大於十六周，醫生建議盡快做人工流產。

立宇的母親得知要引產「男嬰」時，難過地哭了，請求陽陽再多做幾次檢查。陽陽打起精神解釋，羊膜穿刺是最準確的了。引產當天，立宇也進了產房。看著旁人，陽陽悲從中來，「一樣被推進來（產房），其他人要迎接新生命，我卻是引產」。陽陽服下終止妊娠的藥物，「肚子裡的寶寶一直在動，好像很不舒服」。一位有引產經驗的朋友提醒陽陽，「醫院會問你要不要看一眼胚胎，我跟你說，最好不要」。那一刻來臨時，陽陽還是選擇要看一眼，「我覺得他在我肚子裡這麼長的時間，沒看那一眼，好像會後悔」。陽陽形容引出的胚胎，「輪廓跟女兒有點像，只是眼睛有點凸」。她柔聲跟胚胎說了再見。

陽陽的女兒很納悶「弟弟」到哪裡去了，她不斷提問「為什麼弟弟不能和我們一起玩」，陽陽說，「因為弟弟生病了」。女兒追問了一個多月，直到陽陽忍不住掉下眼淚，女兒才停止，好聲哄著母親，「好啦，媽媽，我不問了」。

陽陽教過特殊生，身邊也有一位朋友生下特殊兒，對於照養特殊兒，陽陽不是沒有切身的體會，「不是只有他們（特殊兒）很辛苦，家人也是」。一日，陽陽在路上偶遇唐氏症患者，她指給女兒看，「如果弟弟出生，就是這個樣子，身體會很不好，也不能陪你玩」。陽陽不後悔引產，「生下來，女兒說不定就得照顧這個弟弟」，但憂鬱的黑潮仍來得猝不及防。引產後，整整半年，陽陽提不起勁來，只能躺在床上，呆望著天花板，「怎麼可以這麼的空，這麼的沒有目的」。她反覆做惡夢，不是生出不完整的小孩，就是生出來的孩子被扔進垃圾桶。陽陽參加了幾門治療、抒發情緒的課程，一點一滴地釋放內心的憂傷。引產的悲傷漸漸昇華成省悟：過往，陽陽眼中只有立宇的問題，卻沒有自己的。她太注重工作，很少花時間跟家人相處，傾聽家人的聲音。陽陽調整了重心，跟立宇的互動日益和睦，陽陽認為這是沒有出生的孩子送來的禮物。

雖然「胎兒有唐氏症」是一個可以輕易得到他人諒解的理由，陽陽告白了自己的心聲，「很多朋友為了安慰我，都會說寶寶這次沒準備好。但我其實希望寶寶就算準備好了，也不要來找我，他可以去找更好的人」。我詢問陽陽怎麼定義何謂「更好的人」。陽陽思考了片刻，「父母的感情更融洽，經濟狀況更穩定。有生活的餘裕」。

孩子會不會恨我，讓自己用這麼殘酷的身分來到世上

姝濃在問卷裡清楚寫下流產原因是「遭姦成孕」。我們約在地理相對僻靜的咖啡廳。姝濃準時出席，平靜地同意錄音。我懷著假設，開啟訪問：拿掉遭姦成孕的胚胎，是不是面臨的衝突更小？姝濃的訴說最終動搖了我的想像。

姝濃跟家人生活在典型的客家村，內婚頻繁，流產不是新鮮事，姝濃兒時就常聽到大人們傳遞「誰誰誰流產了」的訊息。姝濃的父母不曾解釋性是什麼，只是一再警告姝濃「要保護自己」、「不可以有婚前性行為」。國小至高中，姝濃數次遭受陌生人的跟蹤、騷擾，父親用盡方法來預防，他親自接送女兒上下學，把女兒送到女校去就讀。十八歲，姝濃北上讀書，一晚，她行經鄰近學校的公園，被陌生人強暴。姝濃不太確定發生了什麼事，「我對一切沒有概

念」，等她回過神來，她一步一步走回宿舍，在浴室用力刷洗身體。整整三個月，姝濃把自己關在宿舍。她的經期從來就不規律，以及那段日子精神渙散，「懷孕了」的想法第一次映上腦海，是身體出現嚴重的反胃。姝濃忐忑地掛號，婦產科醫生告知，她的確懷孕了。姝濃不敢告訴家人，但她也不像多數受訪者，至少有伴侶可以商量。姝濃想起兩位在醫學界工作的堂姐，她向堂姐們謊稱自己懷了前男友的孩子，必須拿掉。堂姐們答應陪伴姝濃去找醫生諮詢。

姝濃心底雪亮，這個胚胎來自「噁心」的過程。生下來，她會愛這個孩子嗎？憎恨的情緒會消失嗎？哪一天孩子問起父親，要據實以告生父是強暴自己的人嗎？姝濃也換位思考，知情的孩子心理會健康嗎？「會不會恨我，讓自己用這樣殘酷的身分來到世上」。不過，要說對胚胎沒有感情，也不符合真實，

「我本身很喜歡小孩，孩子在我的身體裡，我開始有各式各樣的想像，他不再只是一個胚胎」，「不想扼殺生命」的焦慮籠罩著姝濃，踏入診間時，她脫口說出「想生下來」，錯愕的堂姐們趕緊勸退，她們仍信著姝濃編織的謊言，「都已經分手了，別再留戀」。

未滿二十歲的姝濃，手術必須得到法定代理人同意。[3] 姝濃的父親對孩子們的標準很高、懲處也很強硬，姝濃的童年伴隨著父親落下的棍棒。當他收到消息時，從老家狂飆到宿舍，堂姐們跟伯父都做足準備，要阻止姝濃的父親「動手」。車窗一搖下，姝濃的父親竟趴在方向盤大哭。姝濃聽見藏在哭聲裡的無力感——再怎麼小心謹慎，女兒還是被男人（這裡，父親的理解是「前男友」）錯待了。向來權威的父親低聲拜託「拿掉好不好」，姝濃這才點頭答應。

本來估計，周數已大到得做真空吸引，施作前，醫生匆匆更改了判斷：應該還在可以藥物流產的範圍。姝濃在病房廁所裡流出「超大量的月經」，她在衛生紙堆裡看見一小顆紅色的、約略有點雛形的東西，「我知道那就是我的小孩」。姝濃以衛生紙包起那個「東西」，在馬桶跟垃圾桶之間猶豫了幾秒，才扔進垃圾桶。事後，姝濃懊悔了好多年，她怪罪自己，怎麼會慌張到沒想到裝入容器裡？

幾年後，姝濃在迎新活動上，被學長灌醉、企圖性侵不成。姝濃的精神受到很大的傷害，流產的往事再次襲上腦海，姝濃怪罪自己「把小孩晾在另一個

3註：民法修正調降成年年齡為十八歲，於二〇二三年一月一日上路施行，惟姝濃的年代仍適用舊法，以二十歲為成年。

世界，不聞不問」，「我要去找這個孩子，跟他道歉」。姝濃的朋友很憂慮她的狀況，提議要好好送走這個「靈」，拉著姝濃參加了水懺法會。法會隔天，姝濃感覺到長期以來，「有東西跟在自己腳邊」的異樣感就這麼消失了。半年後，姝濃接受了催眠，跟著催眠師的指引，她回到當年排出胚胎的那間廁所，耳邊響起一連串聲音，「不要自責，不要覺得罪惡，我是愛你的，所以我努力地不長大（符合藥流條件），就是為了讓你看我一眼」，剎那間，姝濃明白到，想像中胚胎對她的恨意，根本不存在。她打消了自殺的念頭。

這幾年，姝濃體會到「喜歡小孩跟生小孩是兩回事，我喜歡小孩，但要自己生下一個小孩，我發現我不想」，「對另一個生命負責，很沉重」。姝濃談過幾次戀愛，就像世上多數的戀愛，總是有不確定要告知還是隱瞞的事情，姝濃也有這樣的煩惱，「我會想說，要告知我有做過流產這件事嗎？要說到怎樣的程度？要交代原因嗎？」姝濃曾跟幾任男友傾訴過，自己十幾歲時做過藥物流產，交往對象都表示了一定程度的理解。幾年前，姝濃在老家提倡未婚未育的女性也應該可以入祖譜跟牌位，「都要邁入第四波女性主義了，台灣某程度上還是把女人的價值定位在有沒有生孩子，我覺得好荒謬」。

我問老師，可不可以去找這樣給人拿小孩的

之所以訪問妮婭，在於她在問卷裡提及「在非法醫療院所進行流產手術」。妮婭給我的第一印象是「好像小鹿呀」，纖細的四肢、長睫毛、圓眼睛，以及最重要的，她所散發出的飄忽、游離的氣質。採訪前半小時，我跟妮婭的採訪是標準的「我問她答」，妮婭的回答很短促，最多不超過三句話。假設其他受訪者是告訴我其中一根枝椏的風景，妮婭給我的像是一片葉子。我得再請妮婭描述這片葉子跟其他葉子、枝條的相對位置，如此一字一句地形成了妮婭的家庭背景：父母工作極度繁忙。妮婭大致上衣食無虞，但親人的陪伴可說是趨近於零。妮婭升上小學五、六年級，每天換下的內褲都帶著經血，母親第三、四天才驚覺女兒來了初經，趕緊教妮婭使用衛生棉。這是妮婭少數從家裡學到的性教育。另一次的學習來自學校，國中的健康教育課，老師大致解釋了一下性是什麼。得知妮婭在家庭、學校得到的養成，我按照訪綱，詢問我向每一位受訪者提出的問題，「學校的健康教育課是A」，我把右手放在桌上，「進行人工流產手術是B」，我接著把左手放在桌面，「從A到B的時間段裡，有沒有發生什麼你覺得影響後來自己做出B這個決定的事情，像是同儕的經驗、或者某一段親密關係⋯⋯」。妮娅略歪著頭，看著我雙手之間約莫二十公分的位置，反問，「如果⋯⋯沒有呢」。我以為妮娅的意思是，兩個時間點之間沒有發生什麼特別的事件。妮娅輕輕地搖頭，更正，「A跟B的時間是一起的」。我以為是提問的方式讓妮娅誤會了，重複了一次，「A的時間是在國二接受到基本的性教育」。妮娅點了點頭，「對，那就是動手術的時間」。我又問，「十四歲動手術嗎⋯⋯」，「我被補習班老師S叫到教室樓上的休息室，老師在那裡強暴了我」，妮娅一字一字說得很清楚，但她淡然的語氣像是在說其他人的事。我沉默了好久，在接近空白的腦袋裡搜索著接續的字眼，妮娅一點也不奇怪地等著，像是她早已預期我需要一點緩衝。那不是唯一的一次性侵，S又性侵了妮娅好幾次。我問妮娅，還記得十四歲的自己的感覺嗎？妮娅搖了搖頭，「我好像掉進一個很長、很長的夢，看什麼事都隔著一層，沒有很清楚」。妮婭多年後再去回想整件事，時間的位移讓她看見十四歲的自己來不及看見的事：「老師沒戴保險套」。採訪後，妮婭寫信給我，做了更充分的補充，十四歲的她，對於性是全然的陌生，她不確定自己失去了性的什麼，「更像是遭受到一種純然的暴力，我想起父親喝醉時動手打人，其中帶給我些許類似的感受跟恐懼」。

幾個月後，妮婭擔憂地告訴S「月經沒有來」。S買來驗孕棒，妮婭坐在補習班廁所的馬桶上，看著驗孕棒上的兩條線。S劃清界線，「我要跟女友結婚了，不可能負責的」。S置身事外的樣子讓妮婭不知所措，但跟家人吐露的心理壓力更大，除了不知從何交代S對自己做的事，妮婭也害怕父母說不定會基於宗教、道德的理由，要妮婭留下孩子。妮婭跟父母之間的信任很薄弱，她只能抓著眼前伸手可及的S。妮婭想起就讀國小的某一年，小鎮相傳班上一位男同學的母親是墮胎手術的密醫，男同學因此備受譏嘲，「媽媽是給人拿小孩的」。妮婭請求S，「可不可以去找這樣給人拿小孩的」。S選了妮婭上補習班的日子，把妮婭載到鎮上另一區，車子停靠在大馬路旁、一間不起眼的透天厝前。一位老先生在屋內等候著他們，他就是S找到的「醫生」。拉開外門跟紗窗，首先出現在妮婭眼前的，是跟一般住家沒兩樣的客廳，往前走幾步，理應是廚房的空間，只放了一張行軍床，旁邊排列著一堆儀器。妮婭按照老先生指示，躺在行軍床上。老先生測量了妮婭的心跳、血壓，然後放了一個妮婭叫不出名字的物品到她陰道內。檢查告一段落，老先生指了指坐在客廳的S，問「那是你爸嗎」，妮婭搖了搖頭，老先生沒追問，把妮婭帶到隔壁的房間，裡頭擺著一張標準的、方便雙腳抬起、固定的婦產科診療椅。妮婭再次躺在診療椅上，老先生依序給妮婭注射了一些針劑，妮婭意識漸趨昏沉，依稀聽得到金屬材質的器具相互碰撞的鏗鏘聲。老先生沒有跟妮婭說明手術的流程，除了腹部傳來的疼痛，妮婭無從判斷老先生對她做了什麼。妮婭不禁有點害怕「會不會就這樣死在這」。手術一完成，老先生囑咐要多休息，不要吃太補的食物。妮婭的陰道流出鮮血，她拜託老師回程經過超商，停車讓她買包衛生棉。

妮婭準時回到家裡，家人們以為妮婭跟平常一樣，在補習班待滿三小時。沒多久，S從補習班離職，按照計畫，回老家籌辦婚禮。妮婭不是沒懷疑過「是不是被老師強暴了」，但內心又會默默壓制這麼可怕的結論。妮婭安慰著自己，「至少老師有帶我去（拿掉孩子）」。讀大學那幾年，妮婭讀到《房思琪的初戀樂園》，某些感受就這樣無預警地被喚起，妮婭預約了學校諮商中心的時間，向心理師說出了不曾讓外人知悉的一切。妮婭跟心理師、精神科醫師會晤了一次又一次，慢慢拼湊出「S的確性侵了自己」的事實，身心也因此急遽惡化。精神科醫生告訴妮婭，「不如以更慢、更慢的步調來整理這段過去」，妮婭才稍稍找到接受這件事實的節奏。

說到人工流產，妮婭更在意的是，被身為老師的S這樣對待。以及，「還是孩子的我，肚子裡竟然有了另一個孩子，我感覺他一點一點地跟我搶奪著這個身體」。妮婭曾跟朋友聊過結婚、生子，她半開玩笑地說，「如果發現自己懷孕，就把小孩殺了」。妮婭自我分析，她不說「墮胎」，「拿掉」，而是選擇「殺」這個嚴厲的詞反映了意識深處，仍在譴責自己，即使她是性暴力的受害者，過去仍做了殺害生命的事，「也或許，我寧願在別人批評我之前，先批評自己，比較不會感到受傷」。除了精神的陰霾，流產手術之後，妮婭深受痛經所苦，最嚴重的一次，是整個人昏厥在路上。經過檢查，妮婭得知自己有子宮內膜異位的問題，醫生判斷妮婭的情形可能是流產手術的後遺症。沒有人可以確定原因究竟是什麼，妮婭只能承受著，摸索向前的路徑。寫給妮婭的回信，信末我談到自己近日南下拜訪親人，陽光穿透微涼的空氣灑在身上，感到小小的幸福。妮婭是這樣回應的：「發生這些事所帶來的種種矛盾情緒，我仍然在適應和調整，或許我依然會反反覆覆地感到痛苦，但就像迎來的太陽，我會試著在幸福的時候幸福。」

我意識到以兩人的情形，要生下這孩子根本是太輕率了

接下來，我們要來談「婚外情」懷上的孩子。我跟淇淇約在台北市中心的咖啡廳。淇淇猶帶稚氣的臉頰殘留著工作了一整天的疲倦。坐下之後，淇淇喝一口咖啡，打起精神回答我的問題。淇淇出生在算得上開明的家庭，跟爸媽雖然就「幾歲才能談戀愛」這個話題起過小小的爭執，大致上，父母是願意聆聽兒女想法的。淇淇升上大學時，談過一場戀愛，最後以對方移情別戀作收。過了幾個月，淇淇在交友軟體認識了喬聿。

淇淇介紹自己是不折不扣的文藝青年，在中小企業擔任主管的喬聿，作風保守務實，算不上同溫層的兩人，意外地很聊得來。這是淇淇從前任身上找不到的重視，「跟喬聿在一起，我很安心」。某晚，淇淇跟喬聿聚餐，結帳

時她瞄到喬聿身分證的配偶欄：上面有個名字。喬聿沒有迴避，說出了緣由：他跟妻子是大學系上的班對，數度分合，二十八歲那年，為了讓妻子病重的長輩安心，喬聿同意成婚。隔年，喬聿愛上交友軟體認識的L，他跟妻子提出離婚，妻子抱著幼兒回到中部老家，提出百來萬的賠償金為離婚條件。L選擇退出。上述是喬聿單方面的說詞，淇淇無從查證，但她至少懂了，因為這樣的背景，喬聿刻意跟她維持在戀人未滿的狀態。兩人又相處了幾個月，確定彼此都想得很清楚，才進入戀人的狀態。

喬聿跟妻子都不希望大人感情失和殃及無辜的孩子，喬聿再也沒提到離婚，妻子也相敬如賓。旁人眼中，兩人是正常不過的假日夫妻。每逢禮拜五，喬聿會前往妻子住處，把小孩接到北部共度周末。喬聿的妻子、小孩不知道淇淇的存在，喬聿的家人則是睜一隻眼，閉一隻眼。淇淇向親友介紹喬聿是離婚的單親爸爸，這套說詞也讓淇淇在被親友關切婚事時，能夠以「等喬聿從上一段婚姻的陰影走出來」來搪塞。

淇淇跟喬聿的避孕措施只做了一半，一是心存僥倖，一是……淇淇停頓幾秒，「我也想試探，懷孕了會不會加快他跟妻子離婚的進度」。雖然淇淇模擬過懷孕的場景，確認懷孕時，她依舊嚇壞了。她意識到以兩人的情形，要生下這孩子無疑是太輕率了。她得吐實喬聿的已婚身分、承受親友「怎麼會弄成這樣」的質疑、喬聿恐怕無法得到妻子跟孩子的原諒……等等。醫生的建議「無論如何，不要拖到胚胎周數太大再做決定」，也讓淇淇感覺到她沒有細想的空間。淇淇最後決定要服用 RU-486。她婉拒了喬聿的陪同，「我是喜歡小孩的人」、「如果跟喬聿一起經歷拿掉孩子這件事，我會很難過」。

在室友的陪伴下，淇淇完成了藥流。她跟公司請了幾天假，調整自己的情緒，知情的同事們寄來好幾盒補品。喬聿問過淇淇，要不要一起去拜地藏王菩薩，淇淇不贊成，她覺得應該要以「祝福」的心情去看待這個「靈體」，就算這個「靈體」想要待在淇淇身邊，她也很歡迎。前往廟宇參拜的日子，淇淇也會特地走到註生娘娘前，請求註生娘娘照顧這個一時沒有緣分的孩子。淇淇跟醫生拿了一張胚胎的超音波，以布包裹起來，放在床邊。「我想著下一次準備好了，再來迎接他」。下一次，是多久以後呢？喬聿承諾，再過三年，等他跟妻子的孩子聽得懂大人之間的糾葛，他會再次提出離婚。兩年前，淇淇搬到喬聿的住處，兩人領養了一隻幾個月大的小狗。淇淇跟喬聿攜手經歷了領養、驅蟲、疫苗、結紮，如今還要分配牽狗出門散步的工作。淇淇從手機翻找出狗狗仰倒在沙發上呼呼大睡的照片。淇淇認為，考慮一段感情要不要繼續發展下去時，每個人手上多少有一張「問題清單」，其中，最重要的問題或許是：雙方對於未來的想像，重疊的程度有幾分？淇淇說，從同居到照顧這隻狗狗，每一個環節都讓她感覺到喬聿的投入，「我可以想像跟他一起走到未來」。

3 以外的觀點

南非的性教育，給我更多的安全感

我們歡迎不同地域的座標，允許我們透過「他者」來釐清自身。筱茜是兩姐妹的妹妹，十歲那年，父母對台灣教育制度感到迷惘和失望，筱茜的母親帶著兩個女兒飛往南非，追求更自由、開放的教育模式與生活，父親待在台灣繼續打拼。在韓國，有個淺顯好懂的名詞，形容這樣將妻小送往國外，自己獨自留在原地賺錢、負擔妻小海外所需的父親：大雁爸爸。小茜的父親就是大雁爸爸。

那時，南非仍採取種族隔離政策，華人被視為跟白人是「同掛」的，日常生活面臨著無數陌生、敵意的眼光。曼德拉即將出獄的那段時間，社會緊繃的張力來到最高點，筱茜以手指比劃著電網的外觀，「我們住在有高壓電圍籬的社區……」。筱茜說著一口流利的英文，華文的遣詞用字也不失講究。她先是花了一點時間，確認我稍微進入南非的背景，才說了下去，「我的觀察是，南非人生活在這樣高度動盪的環境，他們不知不覺接受了無常的概念」。什麼事情都有可能在下一秒發生，搶劫、竊盜、性暴力，也或許不發生。

筱茜就讀的學校，小二起課程就已出現性教育。她自己的解讀是，這些教育不無因地制宜的色彩，所有的學生，不分性別，都被視為性暴力的潛在受害者。筱茜細數著那些年她從課堂上學到的知識，「如果被性侵了該怎麼做」、「被性侵不是你的錯」，「生命為重，先求安全地離開」。老師在課堂上示範著保險套的使用方法，筱茜升上國中，學校不定期發送保險套跟衛生棉條，宿舍裡也有販賣機。在台灣度過大半歲月的筱茜母親受到了文化衝擊（culture shock），筱茜告知自己在學校受到的性教育時，母親搬出了華人父母常用的句型，「你以後就知道了」。若筱茜繼續追問，母親會惱羞成怒，制止筱茜拿性的問題「煩」她。

曼德拉上台之後，筱茜居住的社區爆發多起仇恨犯罪，母親考慮多年，帶著姐妹倆返台。筱茜進入一間女校就讀，接觸到台灣的性教育。筱茜做了認真的比對，台灣的性教育更注重事前的預防，如何保護自己；南非則環繞著「創傷釋放」（trauma release）。我詢問筱茜，她的心中如何存放這兩套模式？筱茜思索了半晌，回答，「對我而言，南非的性教育，接受人是可能受到傷害的，重點是之後該怎麼做……更有建設性，給我更多的安全感」。不過，這是四十歲的筱茜的答案，十幾歲的筱茜倒是很迷惘。還在南非居住時，筱茜就注意到世界上存在著不止一種性觀念，學校的性觀念跟母親的性觀念就天差地別。在台灣求學時，筱茜觀察到，對她的同學們而言，學校傳授的性觀念跟家裡的並不衝突：重視女性的貞潔，且對貞潔的重視大於這個女人。筱茜迷失了方向。

回到台灣沒多久，筱茜的父親中風、退化到跟幼童沒兩樣的狀態。父親的病倒，產生了骨牌效應。筱茜形容姐姐「是一個讓爸媽操碎了心的小孩」，以及，母親曾態度曖昧地對筱茜說，「你爸說過，妹妹是男生就好了」，種種因素的疊加，筱茜下意識認為自己得成為家裡的「那個懂事的好女兒」，要成為懂事的「好女兒」。父親「倒下」沒幾年，筱茜的母親交了一位男朋友，她暗示筱茜讓「伯伯」支付筱茜的學費。筱茜見到薪水頗豐的母親，百般依賴男人的呵護，很是心煩意亂。她渴望快點變成「大人」，她得趕快「破處」。

筱茜第一次性行為，是跟「江湖氣很重」的R。證明自己跟守舊的同學們不一樣，筱茜嘗到優越感的甜頭。甜頭之後是苦澀的後悔，R似乎把筱茜歸類在「容易到手」的女生，對筱茜愛理不理。筱茜記取了教訓，下一個對象選了穩重的格倫。跟格倫交往期間，筱茜又跟風趣的辰翰談起地下戀情。格倫很重視避孕，辰翰則動輒耍賴，「反正出了什麼事，再用錢解決」。筱茜吃過幾次事後藥，仍是懷孕了，那年，筱茜才滿二十歲。在南非學到了避孕的知識，為什麼沒有派上用場？筱茜不否定知識很重要，但知識只是其中一部分，「實踐上，我沒有心理的支撐」。我問筱茜，心理的支撐具體指的是什麼？筱茜回答，「就是把自己的感受放在第一位。我下意識地會想要討好辰翰，想說讓他開心也好，做不到很堅決地要他戴上保險套」，「雖然我底下有一張保護網，但我沒有被完全地接住」。

筱茜早已規畫大學畢業就進入職場，分擔家裡開銷，再者，吊兒郎當的辰翰不是共同扶養孩子的適合人選。辰翰遵守承諾，答應支付手術的開銷。筱茜選了一間離學校有點遠的診所，找了一位「看起來很冷靜的女醫生」。筱茜在網路上搜尋著各式各樣的資料，很多過來人的分享，包括心情的抒發，鎮定了她的情緒。對於墮胎，筱茜有很多想法，其中不包括「愧疚」，南非所受的教育讓她曉得，事情就是會發生，把心力放在如何善後，而不是責怪自己。

筱茜懷孕的周數已大到不適合透過 RU-486，得動手術。醫生詢問「術後有沒有人陪同時」，筱茜一時沉默，醫生略帶同情地回，「都沒有人了嗎」，這個反應讓筱茜心中有了疙瘩，她覺得被醫生評斷（judge）了。筱茜再次找上辰翰，辰翰答應了，但他當天竟是騎著檔車前來接送，筱茜只好叫了計程車。筱茜很好奇醫療場所未來有沒有可能提供陪伴的服務，「像是流產這樣的手術，我願意自費換取術後陪伴，有些人應該跟我一樣，想找一位陌生人安靜地陪自己走完」。

手術後，筱茜仍分泌出乳汁。她請教醫生，醫生說「那是因為大腦不知道胚胎沒了」。筱茜感到不可思議，身體跟思想果然偶爾會各走各的。筱茜將辰翰送給自己的小狗認定是孩子的轉世，投入不少感情，五、六年前，狗逝世了，筱茜傷心欲絕，母親發了頓牢騷，「你爸走了你都沒這麼傷心」。筱茜一口氣說出埋藏已久的心事，像是母親的外遇給十幾歲的她造成的衝擊、以及二十歲的流產手術。筱茜的坦白讓母親很是錯愕。

不久前，筱茜的朋友憂心忡忡地花了大把時間、金錢去做祭改，因為有位「師父」說「有一個小孩坐在她肩膀上」。筱茜一方面安撫朋友，「你怎麼會覺得你的小孩會害你呢」，一方面升起疑惑「那個靈魂跑哪裡去了」。對於往生的親人，不同的文化有其獨特的解釋，像是前往天堂、跟著菩薩修行等等。但尚未出生的胚胎會變成什麼？筱茜嘗試了家族排列，跟過世的父親、母親，還有這個「女兒」都「說」上了幾句話。結束後，筱茜經過一座公園，莫名地颳來一陣風，樹葉凌空旋轉，筱茜胸口浮現一個念頭：是女兒來跟我說再見了。

筱茜不介意跟交往對象談到二十歲的手術，她的歸納是，多數時候，情人們把她的坦白理解為某種近似「示弱」的訊息，給予了「心疼」跟「更認識筱茜」的反應。最後，筱茜一臉正經，語重心長地解釋，「只有自己講，才可以確定對方是怎麼想的，千萬不要等到對方發現了再來談」。

壞事總是發生在女人身上

出生在泰雅族家庭，父母雙方的父母都是泰雅族，在部落出生、直到國中才「下山」的若織，是我們求之不得、主流以外的聲音。我前往花東，與若織見上一面。若織的主要照顧者是 yutas（祖父）跟 yaki（祖母）。泰雅族是父系社會，隨著幾十年來的「漢化」，男性的地位更加鞏固。若織還小時，就很在意「過年女人都在忙，男人只要坐著聊天」、「為什麼講道的都是神父，不是修女」。若織是唯一的孫女，又很懂得撒嬌，得到 yutas 跟 yaki 的疼愛。不過，有一次若織隨口讚嘆家裡的農田綠意盎然，母親警覺地說「不要跟弟弟搶」，見若織心有不平，母親又說「我也沒有跟你幾個舅舅搶」。若織的原住民名字，部落的解讀是「溫柔、持家、忍耐、會織布」，若織曾被親戚半認真半玩笑地說「好像不太適合這樣的名字」。

若織的父母是部落裡少數，取得大學學位、進入公家機關工作的人。若織前往市區讀書那幾年，母親頻頻告誡，「不要跟部落其他姐姐一樣，七早八早就生小孩」。母親沒明說，若織讀到一種「不然人生就毀了」的潛台詞。若織坦言，的確，她身邊很多姐姐很「早」就成為母親，但她也提醒，若我們要分析原住民的生育，我們必須要注意自己採用了什麼文化的觀點。若回歸部落本來的節奏，我們可能不會妄言這些女人過「早」成為母親。

若織國三那年情竇初開，父親氣得拿東西扔她，「你乾脆不要讀書，去工廠打工」。等若織念完大學，父母反而不斷地催促女兒趁早結婚，若織接近三十歲時，母親出言恐嚇「等你過三十，竹科男是不會看上你的」，若織雲淡風輕地反問「誰理竹科男」，父親見苗頭不對，出面緩頰，「我們家女兒不需要這樣」。

若織是真的不著急。她七、八歲那年，家裡最小的弟弟出生了。若織目睹阿姨握著母親乳腺發炎的乳房使勁擰轉，母親痛得淚流滿面。若織意識到，新生命固然會帶來喜悅，偶爾也伴隨著痛苦，只是痛苦的經歷跟分擔，

「男性好像都缺席了」。若織人生的主要框架：家庭、部落到教會，都圍繞著男人打轉。若織的父親婚後取得了博士學位，母親也想升學，但她下班後都忙著照顧丈夫病弱的母親，也就是若織的yaki。若織更厭煩怎麼樣也逃不過的性騷擾，最驚險的一次是她得找學長相談某事，談到一半學長壓住若織，伸手要脫若織的內衣，若織苦苦掙扎才脫困。生活的零星片段，這兒一些那兒一些組織起來，若織看著我的眼睛，舉重若輕地說，「我很厭惡自己的女性身分」。我微微一愣，想確定「厭惡」這個詞的分量，又追問了一次，「厭惡？」，若織點了點頭，「厭惡」。

二十五歲時，若織跟同事南城交往、同居，「兩情相悅」的比例很少，若織說「是對方不斷追求，我又不懂得拒絕」。南城熟悉若織的個性，總是軟磨硬纏地不戴套，想體外射精。即使若織埋怨「我不想再吃事後藥」，南城仍不以為意。當若織見到驗孕棒的兩條線，浮上心頭的情緒是憤怒，「那種壞事總是發生在女人身上的感覺又出現了」，「男人在性裡享受到愉快，但懷孕、包括做手術的不舒服，都是我要承受」。南城問若織有沒有打算生下來，若織篤定地說沒有。兩人前往婦產科，診所的護理師送上祝福「恭喜，懷孕了」，其中一位好聲好氣地叮嚀南城「女人懷孕很辛苦，你要對她好一點」。洋溢著粉紅色泡泡的氛圍，流產二字變得難以啟齒，若織只好另尋診所。這次，她直接表明她要進行流產手術。醫生臉色一沉，介紹手術的語氣也相當冷淡。若織問預產期，醫生說，「知道要幹嘛」，若織只好沉默。自己身心俱疲，南城則絲毫不受影響，若織打從心底恨透南城。南城的示好也讓若織感到噁心。但若織也不知怎麼告訴親友，「若他們知道，我要怎麼去面對他們的情緒？」她無奈地接受南城的陪同。

若織同意筱茜的看法，「如果醫院有提供陪伴的服務，我會選擇這項服務，可以的話，我希望那位陌生人靜靜地陪伴我」。

泰雅族的Gaga'[4]、天主教信仰，都不允許墮胎。若織推演過，若告訴父母，父母氣憤之餘，還是會要求女兒生下來。這幾年來，若織的父母等不及「抱孫」，以部落的標準，他們早「應該」成為祖父母了。不過，若織很清楚此生她無法成為誰的母親，「我成為自己就夠了」。

---

4 註：Gaga'，泰雅族語。字面的翻譯是「祖先流傳下來的話」，其包含規範、儀式規則、禁忌、祭詞、好運及能力、社會契約及習俗等。Gaga'一詞包羅萬象，涵蓋了泰雅文化的生活觀、價值觀與信仰。

若織十六、七歲就跟女生談過戀愛。母親採取睜一隻眼、閉一隻眼的態度。受訪時，若織跟一位卑南族女性Q交往將近兩年。若織曾受邀參加卑南族的祭典，見識到母系社會的分工。她認為，如果可以選擇出身，當卑南族的女人，或許會比泰雅族的女人幸福得多。

4 《優生保健法》「配偶同意」的問題

在台灣，若要談墮胎罪，幾乎不可能繞過《優生保健法》第九條。台灣目前採取「有條件除罪化」的立法模式，《優生保健法》第九條規定了幾種法定阻卻違法事由，其中第一項第六款「因懷孕或生產，將影響其心理健康或家庭生活者」最籠統、最容易證明，也是最多人援引的規定。但第九條第二項又規定，「依前項第六款規定施行人工流產，應得配偶之同意。但配偶生死不明或無意識或精神錯亂者，不在此限」。已婚婦女要進行人工流產，有很高的機率要得到配偶同意。法蘭絲跟美夏的經歷，正是受到這項規定所影響。

即使女兒好轉，我也不想再生了

跟法蘭絲的採訪，是以 Google Meet 進行的。網路提供了一層介質，才說了幾句話，法蘭絲就哽咽了起來。她形容母親是「沉浸在痛苦的人」，身為女兒，法蘭絲必須傾聽母親的埋怨，母親最疼愛的人卻是弟弟。母親的差別待遇，始終是法蘭絲內心裡一個糾纏的結。但法蘭絲也記得母親溫暖的一面，一次，電視播映著探討嬰靈的節目，母親轉頭說「不要相信，這都是騙人的」。法蘭絲過了好幾年才從母親口中得知，她曾因家中事業周轉不靈，拿掉一個孩子。

法蘭絲也記得，高中護理課，老師播放了墮胎手術的影片。法蘭絲忘了影片實際的內容，倒是記得老師語帶恐嚇地強調「把嬰兒絞碎」，這個用詞讓法蘭絲難以忘懷。護理老師也教了避孕措施，「保險套要戴兩層」，深信不疑的法蘭絲，日後被同學取笑了好久。

法蘭絲工作時認識了丈夫國維，國維是獨子，底下有兩個妹妹。婚後，兩邊的父母急切地催生，且指定要「男的」。法蘭絲試過母親不知從哪找來的偏方，包括以小蘇打水沖洗陰道。幾年後，夫妻倆轉向人工生殖，為免旁生枝節，夫妻倆只告知法蘭絲的母親。法蘭絲不斷祈禱是個兒子，「如果這胎是女兒，我得再來一次，可能還不只一次」。法蘭絲的願望沒有實現，她誕下一個女嬰。法蘭絲全心全意地愛上了女兒。女兒在一歲半左右，被醫生診斷出有特殊障礙，得即刻接受早療。那天，法蘭絲抱著女兒哭了整個下午，稍晚，她擦乾眼淚，起身查詢各式各樣的療程。國維的父母質疑法蘭絲太大驚小怪，不惜出手干預孫女的療程，這樣的反應讓法蘭絲更加相信，她得把女兒照顧好。

多年的求子之路讓國維有了僥倖心態，性行為不再全程使用保險套，

「我們是不孕體質，不會這麼衰啦」。法蘭絲就這樣「意外」懷孕了，她不認為自己能夠兼顧女兒的療程跟照顧新生兒，國維提議「二寶」交由他的父母照顧。考慮到國維父母的教養觀念，法蘭絲不認為外包是個好主意。兩人吵了幾次，國維自知是自己沒戴套在前，摸摸鼻子讓步了。

為法蘭絲進行流產手術的醫生，曾替法蘭絲操作人工生殖。法蘭絲看得出來醫生的困惑，「我很感激醫生當時沒有多問，他是治療不孕症的權威，應該看多了患者的故事」。幾年後，法蘭絲跟醫生偶遇，她稍微交代了女兒的障礙，醫生這才恍然大悟法蘭絲為何沒有留下第二個胚胎。生下女兒前，法蘭絲理想的家庭組合是兩個孩子，隨著她投入越來越多的心血，看著女兒成長，法蘭絲改變了她的計畫。她很明確地說，「即使女兒好轉，我也不想再生了」。

四十歲那年，使用保險套的前提下，法蘭絲又懷孕了，這個結果讓夫妻倆措手不及。法蘭絲表明「即使這個胚胎是健康的，我也不要留」。在法蘭絲呵護下，順遂成長的女兒，多數情形都與正常人無異，這建立在不曾間斷的醫療支出與專注的照顧。再生一個孩子，勢必會排擠到女兒的資源。另一個理由是，法蘭絲不想輕易重啟育兒的輪迴，她近日稍微熬過了女兒的青春期，「我好不容易可以放手了」，「再生一個，對我來說沒有任何誘因」。

法蘭絲這回花了遠比上一次還多的精神才說服丈夫「同意」。說到這，法蘭絲意難平地叩問，「為什麼已婚的女性決定進行流產，需要得到配偶同意」。術後，護理人員按照流程，請國維簽名，國維意外看見胚胎的性別：兒子，他陷入低潮，追問法蘭絲「明明養得起」。法蘭絲只能不斷安撫著國維。國維的家族流傳一句話「查埔是實腹的（tsat-pak），查某是空的」。只有男的才是「真」的。身為長孫的國維，兒時就被家族地位最高的祖父接去照顧，使得國維跟自己的父母、姐妹情份疏離。國維曾指著熟睡的女兒問法蘭絲「為什麼不生一個弟弟陪她」。法蘭絲的解讀是，國維不想女兒跟自己一樣孤零零長大。但她也介意國維直覺使用的名詞是「弟弟」。法蘭絲跟國維都是因重男輕女而嚐過苦的人，國維仍認為自己終究得生一個兒子來交代。回到自己，法蘭絲也沒有十足的把握，「若生下兒子，我是否會不自覺地複製媽媽對我跟弟弟的差別待遇」。

法蘭絲快滿四十歲前，國維的父母自作主張，打給法蘭絲的母親，「請勸你女兒把握時間，再生一胎」。法蘭絲大為光火，自己這樣被視為生育的工具。法蘭絲很受不了人們這樣理所當然地對他人的子宮指手畫腳。同樣地，她也無法忍耐社會談墮胎時，花了很多篇幅定義胚胎，「卻從來沒有人去詢問那個懷孕的女人，如何看待自己的人生」。去年，法蘭絲隻身走入戲院，看了改編自安妮．艾諾《記憶無非徹底看透的一切》的電影《正發生》。這部電影描述法國一九六〇年代的女學生安意外懷孕，彼時法國的法律僅允許孕婦有生命安危時才得以墮胎。一心想墮胎、好完成學業的安淪落至處處碰壁、孤立無援的處境。陰暗的影廳裡，法蘭絲簌簌流下眼淚，「這是很少有的，我可以專心處理自己情緒、經驗的時刻」。法蘭絲打定主意，未來要推薦女兒這部電影，她更許願到了女兒思考生育的年紀，「我女兒的意願要被放在第一位」。

為了流產，我用了一個很激烈的方式

曾是販售 RU-486 業務的美夏，是我們一致認同務必要採訪的對象。美夏上面有三個姐姐，一個哥哥。美夏出生時，父親的事業起飛，傳宗接代的任務又有了著落，美夏享受到姐姐們缺失的父愛。她第一份工作，是在加油站打工。父親駕駛著賓士緩緩停在女兒面前，遞出千元大鈔，「剩的給你做小費」。

高中升大學前後，美夏進行了第一次人工流產，她懷了就讀軍校的男友的孩子，一確定自己懷孕，美夏不假猶豫，向醫生表明「要立刻解決」。男友心疼地落淚，時間一到仍得回到軍校。寂寞的美夏愛上了同事順德，她不諱言，養尊處優的生活，養成了愛情至上的價值觀。跟順德成婚前，美夏就逮到順德沉迷牌桌的證據。美夏猶豫過，是否要履行跟順德的婚約，母親警告美夏，「你不要面子，你爸還要」。為了父親的顏面，美夏硬著頭皮跟順德成婚。美夏自我分析，作為受寵的女兒，她有任性的一面，但若涉及重大的決策，她又會回到傳統女性被動的位置。婚後，父親給了女兒女婿一筆創業基金，都成了順德的賭資，最高紀錄一晚輸掉幾十萬，按當時物價可以買下台北精華地段的房子。說到這，美夏停下來，平復一下呼吸，才又說下去。美夏不讓順德賭博，換來順德一回回拳打腳踢，她不敢驚動父母，不是自殘洩恨，就是抱著大兒子，失魂落魄地穿梭在各個賭間。美夏的舉動都被父親看在眼裡，他搬到夫妻倆住家附近，好就近照顧。一次，美夏渾渾噩噩走在街頭。父親開車跟隨，頻頻呼喚女兒上車，「你要去找誰，爸爸都會帶你去找」。不過，就算親眼見到女兒的不幸，美夏的父母仍勸美夏為了孩子著想，不要輕易離婚。這時，美夏又懷上了孩子，她趕緊去找醫生商量拿掉腹中的胚胎。醫生告訴美夏，按法律規定，必須有配偶同意。美夏再次停下來，放在桌上的雙手不自覺地握成拳頭，說「我聽到醫生這樣說，很氣、很氣，因為我沒有其他的選擇」。若順德知情，必然會以此孩子的存在要脅美夏繼續這段婚姻。美夏也不敢求助密醫，「找密醫，出事了誰負責」，美夏雙手一攤，看了我一眼，沉沉地說：我用了一個「很激烈」的方法。就像電影播放前的免責聲明，美夏暗示著接下來她要訴說這段婚姻最黑暗的一頁，她不疾不徐地還原那個夜晚：我很清楚我先生怎樣會打人，那天，我故意惹他生氣。他人躺在床上，我看他那樣躺著，知道他會用腳踹我，就故意挺著肚子靠近他，這樣他用力、就會踹到肚子。爭執升到最高溫的那一秒，順德果然狠狠地把美夏踹倒在地，美夏感到腹部一緊，跑去廁所查看，如她所「願」，陰道出血了。美夏匆匆趕往診所，說明自己出現流產症狀，再也沒有人敢拒絕美夏。美夏不知道的是，她這一胎是子宮外孕，這麼一踹引發了大出血，診所又把美夏送往有能力處理的大醫院。

為了流產，美夏承擔了極大的風險與代價，這也讓她對於配偶同意的規定有了切身的質疑，「懷孕的人最了解她可不可以承受這個生命，怎麼還需要別人的同意」。美夏也不接受「生下來，再交給別人養」，她很明確地說，「這讓我覺得自己只是其他生命來到世上的工具」。

父親臨終前，提到女兒不妨離開順德，美夏把這理解為父親最後的祝福。離婚前，她說服順德前去結紮。表面的說法是「不想讓兩個小孩之後莫名其妙多了其他的兄弟姐妹」，至於真實的原因，美夏嘆了一口氣，「我不想再讓他去害其他的女人」。

離婚後，美夏成為藥廠業務，幾次跳槽，她進入一間知名、也是唯一販售 RU-486 的藥廠（二〇〇〇年，RU-486 於台灣正式上市）。美夏跟同事掙扎過，他們是不是在販售「不道德」的藥物？對此，美夏的見解是，他們不曾主動推銷，來自醫院跟診所的訂單卻很穩定，「有這個需求的人不少，我們提供了一個安全的選項」。美夏後來談了幾次戀愛，她承認，避孕措施做得時有時無，她服用了三次 RU-486。為了戒掉自己把 RU-486 當事後藥來吃的習慣，美夏裝了避孕環。美夏信仰佛教，她相信胚胎沒有誕生，是因緣尚未俱足，她不祭祀，好讓「祂」盡快了結這一世，好進入下一世。

美夏跟一位離婚、帶著兩個女兒的男性交往已有十幾年。交往初期，美夏動過「生一個我們的孩子」的衝動，但她冷靜下來，認為疼愛彼此的孩子才是最好的作法。美夏幾年前從職場退休，每個月，她撥出幾個小時擔任志工，陪伴特殊境遇的孩子，這些孩子的父母因各種原因（入獄、對子女有重大虐待）而被法院宣告停止親權。美夏提到一個七、八歲的小孩，長期被父母毆打，依然渴望回家，孩子驕傲地告訴美夏他要怎麼應對，「我會裝軟軟地睡覺，爸媽打累了，就會去睡覺了」。美夏看著這些孩子，對於「生下就是負責」的說法不以為然，她說「很多孩子的出生，只是一時激情」。

在我收拾桌上的杯子時，美夏心滿意足地透露，她以為這些事要「一路帶進棺材了」，沒想到有個訴說的出口，「不說，不代表不存在」。她做了一個譬喻，每個人就像一本書，有些回憶我們草草翻頁，因我們不忍細讀，但為了這次的採訪，美夏鼓起勇氣，細讀以前跳過的段落。美夏有個疑問，「這麼多事情，大家以前不能接受，現在都可以了。為什麼墮胎的櫃子還是這麼深？」她許願以後提到墮胎，人們可以理解為「一個過日子、普通的選擇」。

5 各種情緒的其他可能

母親絕對有資格決定要不要讓胚胎寄生

住在海外，以 Google Meet 受訪的世景，給了一個獨特的開場白，「其實我差點忘了自己做過手術，看到你們的問卷才想起來」。

世景的父母，對孩子的成績抱有歇斯底里的執著，課業以外的選項，他們倒是意興闌珊。罕見的破例，是世景交了女朋友，母親告訴世景，「不要不正常」。雖然父母對成績的執著讓世景很痛苦，但她清楚成績跟知識是兩件事，世景喜歡學習知識，知識也是她理解、執行一件事時，最仰賴的基準。好比說，她刻意延遲跟異性發生性行為的時間，理由是「青春期就有異性性行為，感染HPV（人類乳突病毒）的風險會增加」。跟男人上床時，世景也會很冷靜地說「要戴保險套」。二十幾歲時，世景有了穩定的對象：孟青。幾年後，世景在公事上又認識了向榮，她笑著強調，「我沒有刻意要開放式關係，只是孟青跟向榮都沒有意見，所以……」，得到孟青跟向榮的允諾，世景同時跟兩人交往。世景做出了區別：她偶爾會允許孟青不必戴保險套，向榮則必須全程使用。

世景一驗出懷孕，孟青表明自己「接受就這樣奉子成婚」。世景沉著地向孟青分析「不能完全排除向榮是生父的可能性」，「不能冒這個風險」。她分別告知孟青跟向榮，自己要終止妊娠，幾天後，世景在醫生面前服下第一劑RU-486。在此，我必須做個揭露，世景是我結識數年的朋友。在我寄送採訪邀約給「世景」時，一位朋友傳訊息給我，坦承她以化名填寫了問卷。假設世景不在採訪名單上，說不定我跟世景永遠不會聊到她對人工流產的看法。我跟世景曾一起聲援某社會議題，為了推動該議題，世景積極奔走，更不吝給予金援。世景在意著多數人漠不關心的議題，但對於許多人一生都難以忘捨的墮胎往事，世景反應如此寡淡。我問世景，怎麼看待這個胚胎？

世景再次端出了知識，「細胞具有全潛能性（Totipotency），但潛能不代表必然發生，就好像我買了一張摸彩券，我有機會中獎，不表示我就是得主。胚胎有機會發育成人類，不表示胚胎就是人類」。她也引用了文獻，「從受精到活產的機率只有三成，約三成受精卵尚未在子宮內膜著床就流掉，另外三成則是著床後流掉（多半是胚胎本身有異常），還有一成是各種意外（如死產）」。

世景的結論是：胚胎跟人之間的「等號」，比我們以為得還要淡。

十年前，我的朋友M流產了，M請教醫生，是不是自己疏忽了什麼？婦產科醫生安慰她，不要怪罪自己，順利生下孩子的機率只有三成。我沒忘記M轉述醫生這段話時，內心有多麼感激醫生化解了她的自責。流產不是罕事，換個角度解釋，每個孩子的誕生，沒有我們設想得那樣理所當然。再次從世景口中聽見這個數據，這回是用來詮釋終止妊娠的正當性，竟一樣地嚴絲合縫。同樣地，潛能不代表必然發生，也能用來解釋人工生殖形成的胚胎，若我們不是採取這樣的思維，如何理解每一年所「銷毀」的胚胎？

世景又拋出一個讓人目眩的觀點：寄生。「著床，就是胚胎侵入母親子宮內膜，也就是寄生」。「母親是主體，胚胎是客體，母親絕對有資格決定要不要讓胚胎寄生」。我搜尋了「寄生」的定義：生物生於另一種生物的體內或體表，並從後者獲取養分以維生。胚胎跟母體，完全合乎這個標準。怎麼判斷要不要讓胚胎寄生呢？世景說，要想一下人生的階段，接下來會進入什麼模式。世景以自身為例，除了不確定生父是孟青還是向榮，還是有一個變動的因素：世景即將前往外國攻讀博士，考慮到這些前提，終止妊娠無疑是「容易模式」。世景說，「養孩子不一定要很多錢、很多時間，但最好有一定的錢跟時間。如此一來，生完孩子雖然不會停留在容易模式，至少不會直接掉到地獄模式」。我問世景，如何形容那次的藥物流產？她不假思索地回，「一次症狀稍微嚴重的月經」。

結語：你的人生也很重要

我們太容易在廣告上看見當父母，特別是母親，第一次聽見心跳聲時所萌生的讚嘆與喜悅。也因為，當人們提到「拿掉孩子」，往往有意無意間預設了「某種母愛的缺席」。在我學習女性主義的歷史裡，我認識到母愛並非如我從前所認知的那般渾然天成，張愛玲於一九四四年出版《流言》，其中〈談跳舞〉一文寫道：「母愛這大題目，像一切大題目一樣，上面做了太多的濫調文章。普通一般提倡母愛的都是做兒子而不做母親的男人，而女人，如果也標榜母愛的話，那是她自己明白她本身是不足重的，男人只尊敬她這一點，所以不得不加以誇張、渾身是母親了。其實有些感情是，如果時時把它戲劇化，就光剩下戲劇了，母愛尤其是。」我從第一本書起，就迷惘於母愛的捉摸不定，越是詳細檢索，就越是容易尋找到更接近厭恨的跡證。我接近這個題目，想從中釐清「生」與「愛」之間的連繫，如果有那麼多人被生下，卻沒有得到愛，是否可以逆推，有人沒有被生下，不等同愛的匱乏？

頗受好評的 Netflix 影集《性愛自修室》（*Sex Education*）第一季，女主角梅芙（Maeve）發現自己懷孕了。等待手術的期間，梅芙遇到一位過度熱情、語帶挑釁的女人，名叫莎拉。術後，梅芙聽見隔壁床的莎拉吵著要巧克力慕斯，梅芙拉開隔開兩人的簾子，把手上最後一杯巧克力慕斯遞給莎拉。莎拉擦去淚水，告訴梅芙「別擔心，親愛的。我有三個孩子，我對出生的孩子，比對沒出生的孩子還要愧疚。不當媽比當爛媽好多了。」（” Don't worry, love. I got three kids, and I feel way more guilty about the ones that I had than the ones I chose not to. It's better not being a mum at all than being a bad one.”）

採訪的兩個月裡，受訪者們向我鉅細靡遺地訴說他們的層層設想，這樣的「為計之深遠」，要說與愛無涉，至少我個人是反對的。

回到一開始的題目，為什麼我們很少在藝術裡，議題裡，看見以墮胎為起點的抒發？自從在社群公開召募受訪者，記者跟從事學術研究的朋友、紛紛為我注射預防針：這樣敏感的題目，前來受訪的路上，受訪者一定動過不只一次放棄的念頭。我告訴自己，被放鴿子也是理所當然的。但，她們出現了，且沒怎麼保留地，交出了自己鮮少為他人所知的部分。我以為要訴說這些會有些辛苦，但她們卻教我明白，辛苦之外，她們也找到撐扶自己的支點，不只一位受訪者告訴我，得以訴說這件事情，內心不知多麼安慰。我反覆斟酌、思量這樣的情感，這才懂得，相比於禁忌，讓人沉默的是「以為無人傾聽」。世上有聆聽禁忌的樹洞，但若不相信自己說的話有去處，人們將徹底停止訴說。我期待這本文集作為一個引子，召喚更多樂意傾聽的心情。我更迫切希望這樣的心情有朝一日能撼動《刑法》墮胎罪與《優生保健法》第九條「配偶同意」等規定。

容我再借一點篇幅說一件往事。高三的暑假，我即將離開家裡，北上求學。一晚，母親把我喚到跟前，以難得的嚴肅語氣跟我說，「你知道保險套的使用方法吧」，我想著「這樣的場景總算來了嗎」，點頭回答，「學校老師有教」。我的回答太含蓄了，台中女中的老師不僅「有教」，還點了幾位同學就著道具演練，以免我們臨陣亂了手腳。母親滿意地點頭，緊接著，她看著我的臉，支吾地說，「那我再跟你說，你如果還是不小心懷孕了，你一定要告訴我，千萬不要一個人去找醫生，我會很生氣，但我更受不了你找不到人陪」。我沒有什麼動容的反應，因為我更煩惱要帶怎樣的床墊上台北。

不過，借用瑞荷的說法，我在十八歲那年就知道，「拿掉孩子是可以的」。

很多年以後，一次跟母親閒聊，我問母親為什麼要特地說那段話。母親回答，「我出社會以後，常聽到女人懷了孕，不敢跟家人講，男人又不可靠，只好一個人跑去處理。如果這樣的事發生在你身上，我會很難過。」我又問，「但你為什麼沒想過阻止我？像是跟我說無論如何都不可以墮胎？很多人都是這樣相信的。」母親愣愣地注視著我，彷彿我說了什麼蠢話，「想什麼？

你的人生也很重要啊」。

出門採訪，整理稿件的這半年，母親的話在我的耳邊迴盪不去。若我們要見樹又見林，務必勤勞點，把這個終止懷孕與否的選擇，鑲入這個女人的一生，做整體的檢視。我們不認為有生育能力的人才能談生育跟墮胎，但這個題目實在有太多終其一生得以袖手旁觀的人們忙著致詞。我們投入這個採訪，無非希望承擔代價的人們，發出自己的聲音。唯有看清女人在與生育牽連的大小決定，好比說，避孕措施的實踐、發生性行為的時間、生子的計畫，她到底掌握多少的主動權，我們才能推衍，針對女人的汙名有多麼掩耳盜鈴、欺小怕大。若社會要求女人負起多數的責任，那麼，我們得先做到，讓女人分分秒秒都信任她對自己的性有天經地義的決定權。最後，我始終認為真理就像暖陽一樣，不具有絲毫獨占性，一個人受到拂照，也不能阻撓其他人曬一曬日光。在此把我十八歲啟程遠行之前所收到的太陽，送給為這個主題感到迷惘不安的你：你的人生也很重要。

chapter 6 :

法律 | Legal History of Abortion

「台灣還有墮胎罪，怎麼可能！」

陳宜倩 | 學者

世新大學性別研究所教授，曾任婦女新知基金會董事長。學術專長包括性別法律及公共政策，女性主義之男性研究。開授「性別、婚姻與家庭專題研究」、「同志及性少數法律專題」、「性、愛情與法律」等課程。

第 288 條

(1) 懷胎婦女服藥或以他法墮胎者，處六月以下有期徒刑、拘役或三千元以下罰金。(2) 懷胎婦女聽從他人墮胎者，亦同。(3) 因疾病或其他防止生命上危險之必要，而犯前二項之罪者，免除其刑。

第 289 條（加工墮胎罪）

(1) 受懷胎婦女之囑託或得其承諾，而使之墮胎者，處二年以下有期徒刑。(2) 因而致婦女於死者，處六月以上五年以下有期徒刑。致重傷者，處三年以下有期徒刑。

第 290 條

(1) 意圖營利而犯前條第一項之罪者，處六月以上五年以下有期徒刑，得併科一萬五千元以下罰金。(2) 因而致婦女於死者，處三年以上十年以下有期徒刑，得併科一萬五千元以下罰金；致重傷者，處一年以上七年以下有期徒刑，得併科一萬五千元以下罰金。

第 291 條（未得孕婦同意使之墮胎罪）

(1) 未受懷胎婦女之囑託或未得其承諾，而使之墮胎者，處一年以上七年以下有期徒刑。(2) 因而致婦女於死者，處無期徒刑或七年以上有期徒刑。致重傷者，處三年以上十年以下有期徒刑。(3) 第一項之未遂犯罰之。

第 292 條

以文字、圖畫或他法，公然介紹墮胎之方法或物品，或公然介紹自己或他人為墮胎之行為者，處一年以下有期徒刑、拘役或科或併科三萬元以下罰金。

「台灣刑法處罰墮胎，怎麼可能！」，修習我在大學部開設的通識課程「性別與法律」的大學生瞪大眼睛不敢相信。他們在二〇〇二年後出生，民法關於法定夫妻財產制的修正發生在二〇〇二年六月，我讀台大法律系時，這個法定夫妻財產制「婚後夫可以管理、使用、收益、處分妻之財產」的嚇人規定已經修正，這些學生還經歷了八年國家最高領導人是女性的年代，大多熟悉接收數位資訊，已與我在二〇〇三年開設同樣課程接觸的學生大不相同。台灣社會已經歷性別與法律觀念之變遷，但不變的是有一些同學有墮胎經驗，而《刑法》的墮胎罪章依然存在。

二〇二二年六月底，美國聯邦最高法院宣告密西西比州禁止懷孕十五周以上孕婦墮胎的「多布斯控告傑克森婦女健康組織案」（Dobbs v. Jackson Women's Health Organization）並未違憲，許多台灣網友突然發現美國女人原本擁有憲法保障的墮胎權利，因為美國最高法院判決而喪失，掀起一陣熱烈討論；而全美各地則引發憤怒抗議熱潮，墮胎權議題也成為二〇二四年美國總統大選之主要爭辯議題。我不禁想問：台灣人幹嘛那麼驚訝，美國女性人權「倒退」，而我們卻是從未擁有過。人們知道中華民國刑法仍舊有墮胎「罪」嗎？台灣女性從未享有憲法保障之墮胎權，法律規範體系未曾肯認其為人格發展中自主決定權的一部分，也不認為墮胎罪的存在違反性別平等。

然而那不代表過去無人提及這些觀點，學者陳昭如教授曾以女性主義歷史學的研究方法重新爬梳墮胎有條件合法化之歷史過程[1]，提醒我們婦女運動倡議者與其他有志之士，其實在一九八四年《優生保健法》通過前，早在一九七〇年代已提過生育自主與性自主的連結觀點，強調國家不應透過刑法干預女性生育選擇，認為修正《刑法》墮胎罪也是一種可行選項，最後礙於體制鎮壓政治反對運動與打壓婦運，以及其他政治社會因素，未能成功。我們的婦運／社運前輩們開始行動的比我們知道的更早，人們忽視了這段歷史、集體失憶，結果就是以為自己所處的現代社會很進步，對於自己所處深淵渾然不知。

1 《刑法》墮胎罪與《優生保健法》的誕生背景

一九三五年，中華民國在中國時公布施行了目前的《刑法》，戰後此法

1註：陳昭如，〈打造墮胎權～解嚴前墮胎合法化的婦運法律動員與權利構框〉，《中研院法學期刊》第十五期，頁一至七六（二〇一四年九月）。

隨國民黨政府來台，作用於台彭金馬國民，處罰婦女墮胎（《刑法》第二八八條的自行或聽從墮胎罪）。而受懷胎婦女之囑託或承諾而實施墮胎的醫師，則成立《刑法》第二八九條第一項的「得婦女承諾墮胎罪」；教唆墮胎（例如婦女伴侶或者未成年子女的父母）則可能成立墮胎罪「教唆犯」。另外，第二九二條也處罰宣傳墮胎。一些醫師朋友看了這些條文後也感到心驚。

一般大眾或大學生理解的「墮胎合法化」——台灣女性是可以合法墮胎的，一方面是從日常生活中常民經驗出發，明明有聽過朋友主動終止懷孕。然而，長久存在的實務不必然是合法。另一方面，在法律意義上，台灣的墮胎合法化是以一九八四年通過特別法即《優生保健法》的方式，為刑法明定「墮胎罪」開了一道例外的門。刑法學上稱為「阻卻違法事由」，是指行為人的行為雖已符合特定犯罪的構成要件，但因特定事由，可以認為他的行為不具有違法性，因此也不得予以處罰，如「正當防衛」就是一種阻卻違法事由。

簡言之，台灣女性擁有的是「有條件的合法墮胎機會」，其墮胎原因必須符合法定原因，也就是具備阻卻違法事由，才是合法，並非「想要就可有」（abortion on demand）的墮胎權利。國家透過刑罰權在刑法規範處罰墮胎行為，其正當性並未遭受根本上挑戰，目前尚未除罪，只有在例外情形符合法定原因要件，墮胎才不具違法性，不是犯罪。

這個在戒嚴期間有條件的墮胎合法化，向來被認為是施行人口政策之結果，當時主要是為了抑制人口，且重視「人口素質」的優生事由，在官方內部討論有許多共識。一九八五年，《民法》修正第一〇五九條放寬從母姓限制的立法理由，都不諱言是為了節制生育（明白地承認我國重男輕女的文化），那年代真是赤裸裸務實的年代。而婦女運動人士抓住了那個時機低延續一九七〇年代新女性主義論述（以呂秀蓮、李元貞為積極倡議者）所關注的性自由與生育自由主題，一起前行。當時亦有修正刑法的選項（雖然不是全面無條件除罪，也是明定阻卻違法事由）與新女性主義論述貢獻，後來受到忽視，這真是陳昭如教授所言「歷史的失憶」。這些豐富有趣的史料在陳昭如教授的女性主義歷史學研究下重見天日，讓我們看到墮胎有條件合法化的台灣故事比想像更豐富，例如一九七〇年代法案中「子女人數眾多影響家庭生活」之經濟事由，在一九八二年的法案中刪除了，改成「懷孕或生產影響（身）心理健康或家庭生活」，前者是很多女性長輩口述的務實理由，後者則顯現了醫療心理健康觀點的主導，且用語較抽象、涵蓋事由可以更寬廣。

法務部在二〇二四年十月底提出修正刑法墮胎罪預告說明，不但未能體察台灣社會性/別平等觀念變遷（例如反省優生學觀念），作全盤檢視，反而提出婦女懷孕墮胎者，罰金從三千元提高到八萬元，欲在處罰刑度上與時俱進。[2]也就是法務部認為，從戒嚴時期展現當時社會文化脈絡之價值的《優生保健法》，沿用至今四十餘年，無需修正。《優生保健法》的文字，四十年期間兩次修正都是因應其他法律修正而修正，例如《刑法》將「強姦罪」修正為「強制性交」罪[3]；主管機關二〇一三年由衛生署改為衛生福

2 註：法務部提出三項修正預告，一、修正草案規定使懷胎婦女「因疾病或其他防止生命上危險之必要」所為墮胎行為，由現行「有罪但免除其刑」修正為「不罰」。二、由於現行醫療法等相關法令已對非法醫療廣告行為定有行政管制措施，故參考德國二〇二二年已刪除刑法第二一九a條之立法例，刪除刑法第二九二條「宣傳墮胎罪」，以完善保護懷胎婦女能夠獲取充足且正確之合法人工流產相關資訊之權利。三、即引發眾議的提高罰金。前兩項沒有反對聲音，因爲本來就應該這樣，只是微幅修正，未涉及根本性墮胎罪存廢議題。

3 註：民國八十八年刑法修正強姦罪，將其由妨害風化罪章，改為「妨害性自主罪章」之強制性交罪。優生保健法隨之修正第九條第一項第五款之人工流產事由：「因被強制性交、誘姦或與依法不得結婚者相姦而受孕者」，原條文為「因被強姦……」。

利部，無涉人工流產例外事由內容。墮胎罪修正法案預告引起台灣社會熱烈討論，等於一棒打醒台灣女性與全國民眾，逼大家直視這個法律現實，也難怪大學生無法理解驚呼連連了。最後，在各界壓力下，法務部於十一月五日撤回草案承諾再研議。

2 修法道阻且長，我們應該思考的性別與法律爭點

婦女運動與女性主義各理論提供後人明燈照耀來時路，以下筆者整理分析幾個近年來多方修法努力之爭點，希望當代台灣人們能更積極介入討論，跨出國人四十年一直無法突破的結。

優生？性別與障礙之交織歧視

「優生」保健法展現了當時一九八〇年代社會思考終止懷孕之價值選擇，「為實施優生保健，提高人口素質，保護母子健康及增進家庭幸福」，為立法目的。此種優生觀念重點不是女性之生育自主，而是如何藉生育來繁衍優良人種，提高人口素質增強國力，而女性存在意義是為國家社稷生產貢獻，不要忘記當時希望「生男」來傳宗接代之重男輕女社會氛圍。台灣人是否有所反省？「優生」這個概念讓人想起二次世界大戰中惡名昭彰的德國納粹主義，以「優生」名義謀殺了猶太人、身體障礙者與性別少數族群，也進行了許多在今天醫學人權標準下無法接受的人體實驗。「優生」對於患有遺傳性疾病的人們亦有歧視指稱意味，指涉我們之中有一些人較不值得活，今日「優生」觀點日益受到挑戰，人們開始反省並探究身心障礙身分與性別身分交織的雙重弱勢，這即是當代身心障礙女性主義（disability feminism）其所欲倡議和提醒。

自一九八四年解嚴前至今四十餘年，此法並非無人挑戰，曾有多次由民間婦女團體或政府部門提出修法草案，台灣女人連線自二〇〇〇年黃淑英理事長創會以來，即多次倡議提出「生育保健法」草案，已逾二十五年。行政院也曾提案由於醫學科技進步、社會文化變遷、社會價值觀改變等因素，對於現行法之名稱、施行人工流產條件等規定，不符社會實際需求，建議更名為「生育保健法」，可惜最後立院未完成審議，回到原點。

性行為的囚犯？性自主與生育自主的關聯

「墮胎合法化可以使婦女免於淪為『性行為的囚犯』，法律應保障婦女使其有自由決定要不要懷孕，及何時懷孕生產的基本隱私權。」這份聲明出現在一九七九年七月，當時不分性別的婦運人士與醫師、律師、作家、法學家聯手要求「乘這次刑法修正的機會，徹底讓墮胎合法化」。[4]不只強調女性主體思考——女性應該有決定要不要懷孕、何時懷孕生產的自由，這將會涉及女性何時與誰有性行為、要不要採用避孕措施等高度個人化的與性相關的隱密私人決策——也勇於挑戰墮胎的性道德禁忌。不只要重視女性健康，

4 註：根據陳昭如教授之研究，婦女新知基金會創辦者之一李元貞教授、詹益宏醫師、李鴻禧憲法教授、尤清、李昂、丹扉等均在列。

也重視女性性自主，脫離生產報國、「生殖的性」單一想像。這樣「先進」觀點的提出在那年代十分不易，而在爾後的立法院審議中，此觀點即以策略性考量低姿態不再出現，在企圖說服反對者的氛圍下，不談性自主，也不使用「權利」語言。我們可以看見婦運倡議、立法推動到最終通過施行，有一些懸而未決的議題，留待行政機關以法規命令形式訂定，可知當時在未解嚴一黨專政時期，婦運倡議之艱難。

一直以來，身體與性之知識與資訊、避孕措施、終止懷孕之決定形成與醫療協助之近用，可能對女性是否能計畫人生、安排個人家庭生活與社會活動，與對於自己的命運有所掌控具關鍵性影響。如果這些前提條件無法達成，甚至被斥為異端思想、遭道德譴責，或女人內化這些道德規訓，當女人沒有安全、透明、有醫師指導諮詢、資訊充足且可負擔的終止懷孕近用權，甚至可能遭受刑事訴追時，她的身心健康將受嚴重壓力威脅。女人難道不是國民嗎？女人的身體與性，本應該擁有同受憲法保障的身體權與性自主權，不多也不少。現在呢？今日台灣是否可以接受墮胎合法化，乃至於女性基本隱私權的這個論點？女性主義的經典思考，性的意義為何？身體是誰的？性自由等這些議題的思考與辯證，均將影響墮胎權議題的立場抉擇。

男人在（不）生殖的角色為何？「靜思期」的設置？

已婚婦女若因《優生保健法》第九條第六款「因懷孕或生產，將影響其心理健康或家庭生活者」進行人工流產，需得配偶同意。婦女團體包括婦女新知、台灣女人連線與生育自主行動聯盟，已多年倡議廢除此條款；

二〇二二年衛福部亦曾提出「生育保健法草案」，刪除此配偶同意規定。[5]

支持廢除異性戀婚姻中，男性配偶的否決權有許多原因，關鍵在於女性的性自主權、身體自主權，與要行使這些權利時所需要的隱私權，並不應該因結婚而遭受限制甚或剝奪。《刑法》在一九九九年修正前，在婚姻中不可能成立夫對妻強姦罪的法律立場，說明那個夫權中心的法律邏輯下，異性戀女性配偶是否要同意與夫有性行為、是否要懷孕或終止懷孕，都不是她的決定，夫具有否決權。女性是否結婚，竟成為她基本權利改變的重要關鍵。

在理想的世界裡，結婚組成家庭，兩人一組互相扶持面對世界一切挑戰，不論是關於日常家務分工、性、結婚、如何成家、養育子女，理應兩人討論協商做出決定，不應該由國家以法律介入，強制婚姻內配偶分工，例如男性主管財務（甚至管理妻的個人財產）、擁有未成年子女監護權、妻終止懷孕決定需要夫同意。這些明顯偏袒男性、對於已婚女性不利的民、刑、行政法律規範，都在解嚴後民主化運動中的婦女運動挑戰下逐一廢除，卻留下了《優生保健法》的已婚婦女進行人工流產需得配偶同意之規定。願意真誠面對夥伴式婚姻關係的男性應該一起加入倡議，婚姻感情維繫靠的是日常生活每日的真心誠意，兩人的共同決定，而不是國家偏袒的法律規範。

另外，這世界一如往常並不理想，上述婚姻配偶協商合作的生活狀態並不總是如此，人們總是一廂情願認為婚姻中的性就是夫妻間的事，但是性、情愛這些個人關於性隱私的活動，不總是按照計畫與期待。一些女性有時為

5註：關於未成年者需要其法定代理人同意，參見優生保健法第九條第一項「未婚之未成年人或受監護或輔助宣告之人，依前項規定施行人工流產，應得法定代理人或輔助人之同意」，是另一爭點，涉及論述甚廣，限於篇幅，此處僅點出來供讀者思考，並留待其他賢達帶來更多討論。

了要維持婚姻家庭和諧，必須終止婚姻外的性所帶來的懷孕結果，這時配偶的同意要件可能反而消弭了她企圖維持原本婚姻的決心。這些關於性、身體的艱難決定，對於女性而言就是日常，得以平凡過日的幸福，需要憲法保障的隱私權，讓她得以無需向誰說明理由。

持反對意見的宗教團體進一步提出設置「靜思期」五日或六日的門檻設計，這要求預設女性決定終止懷孕是一時衝動，會後悔要想清楚，需要一定時日靜思，殊不知女性早已覺知並每日每刻掙扎著生活的平衡。試問「結婚」不也很重要，且涉及兩人生活幸福？為何不見提議要國人提出結婚申請後，需要靜思一段時日，以理解婚姻之（法律）內涵與意義？顯現其對於女性決策之不信任，也顯現支持與反對陣營對於女性是否可為獨立決策主體之不同看法。

性／別不平等的醫療近用權利

隨著科學科技進展，終止懷孕的醫學方式越來越多樣，不同社會對於女性、性、身體、生育等持不同看法，對於已問世的醫學解決方法也有不同的立場。男性與女性因在社會上仍存有的性別角色刻板印象，其使用醫學精進成果的機會有所不同。[6] 例如學者比較藍色小藥丸威而鋼與 RU-486 之藥物試驗與核藥上市過程，可以看見後者上市時各方對於可能造成女性性氾濫的說法，而前者則毫不諱言地以藥丸之副作用「增強性功能」為主打廣告，各界少有此藥造成男性性氾濫之擔憂。我們的社會對於男性與女性的性終究有

6 註：參見陳宜倩，〈性別與藥學～關於受苦、能動性與想像正義〉，《藥學雜誌》第三十五卷第二期（二〇一九年六月）。

雙重標準，遑論身體自主權。

女性因其年齡、族裔、經濟階級，是否其平等近用醫療專業之機會也將不同？例如 RU-486（學名美服培酮 Mifepristone）一九八〇年代由法國研究者發明，一九八八年上市，美國與台灣均遲至二〇〇〇年才合法上市，其在各國上市的歷史路程就是性別與法律的辛酸血淚史。RU-486 使用的最佳時間為早期懷孕七周內，事實上如果第一線醫師執行醫療行為未能遵守《優生保健法》的規定，仍可能犯下刑法罪行。二〇一九年，台灣高等法院高雄分院判決，一間婦產科診所醫師因提供未成年少女 RU-486 藥物進行人工流產，未得其法定代理人同意，為故意對少年犯意圖營利加工墮胎罪，處有期徒刑十一個月。[7]

在沒有完整施行「全面性教育」[8]，家庭多避談性與情感議題，未成年子女與家長缺乏溝通的狀況下，要如何設計第三方機制來處理未成年者墮胎議題，也是歷年討論修法之法律爭議點。當無法取得法定代理人同意，未滿十八歲者如自行尋找地下化墮胎方式，恐造成更嚴重的身心健康問題。台灣刑法的性同意年齡為十六歲，而可獨立決定是否要終止或繼續懷孕的年齡為十八歲，這個年齡差距所產生的人際關係處理之矛盾，需要整個社會耐心理解討論。

以上是筆者認為當代台灣必須思考的一些性別與法律爭點，期待台灣讀者能夠尋求根本性挑戰國家刑罰權正當性與墮胎罪可罰性的政治時機，更理直氣壯地去除墮胎汙名；不只要求國家賦予女性生育自主權，自由選擇生育

7 註：請參考台灣高等法院高雄分院一〇八年度上訴字第二號刑事判決。
8 註：關於全面性教育，請參考台灣性別教育平等協會網站介紹。

與否，還應積極要求醫療院所給予適切的資訊與服務。過去傳統的隱私權觀念不希望國家介入私人領域，今日是否能更進一步，由積極參與公共事務的女性國民身分要求政府履行照護國民身心的義務，實現對所有人（不分性別、種族、階級、年齡、婚姻狀態、身心狀態）的平等照護？邀請各位讀者一起關心與行動。

chapter 7 :

歷史 | A short history of abortion in Taiwan

無差別格鬥派的愛情：吳燕秋與台灣婦女墮胎百年史

吳燕秋（1969–2023） | 論文原作

台灣墮胎史研究開創者。國立清華大學歷史學博士，歷任中央研究院人社中心衛生史計畫、交通大學科技與社會中心博士後研究員，輔仁大學、國防醫學院兼任助理教授等教學研究工作。曾任台灣女性學學會理事、婦女新知基金會董事、顧問。

梁秋虹 | 論文選錄、改寫

國立台灣大學社會學博士，成功大學歷史學系助理教授，歷任成功大學性別與婦女研究中心兼任副研究員、台灣女性學學會理事。台灣性別史研究者，兼燕秋酒友。

有篇媒體人物側寫，我一讀就知道，那是我的朋友依瑪貓和吳燕秋，他們就像是上個世紀末九〇年代性別議題戰鬥路線的基進女性主義者。專訪主角大約是這樣說的：很久很久以前我一直幻想，如果可以變成亂馬就好了，如果可以那樣簡單就好了。那時候還沒有「跨性別」(transgender)這樣的概念，只能自我認同為一名生理男性女性主義者。而我交往的對象，有時候也會情非得已地視各種場合，為了維護我，變通地說我是她的男朋友或女朋友。

作為意外讀者第三人，我心中一震。《亂馬二分之一》是日本漫畫家高橋留美子的名作品，作為無差別格鬥派的武鬥家，早乙女亂馬是理所當然的男主角，因為受到咒泉鄉娘溺泉的詛咒，只要一潑到冷水就會變身成辮子姑娘，再來一桶熱水又變回男兒身。小時候我也看過這部動漫，卻從未有此聯想。還有，我從未想過豪爽女人吳燕秋也有心思細微體貼的這一面。當時我想，如果他是亂馬，那麼她就是小茜了吧？因為不管亂馬是男是女，小茜都一樣愛他／她。我想像著小茜奮不顧身地張開雙臂保護亂馬的畫面，那理直氣壯、義憤填膺的模樣，那就是我所認識的吳燕秋了。那吳燕秋都是怎麼叫依瑪貓的呢？這個問題我回想了一陣子，畢竟我們已經好幾年沒見過面了。啊，我想起來了，她都喚作「（我）阿娜答」。日文的「你」（あなた）之一字，愛情無差別格鬥派，本就有諸多可能。

我和吳燕秋大約相識在二〇一〇年前後，當時我們是中研院人社中心衛生史研究計畫的同事，她已是博士後研究員，而我那一年剛從社會所轉到人社中心訪問，繼續第二年的博士培育獎助，才開始撰寫博士論文。她從事墮胎史研究，那時我的研究議題是日治台灣性產業專區的「婦人病院」，同時也是台灣史上最早的性傳染病防治機構及女性專責醫療機構。顯然我們的共同研究主題都是非良家婦女的邊緣史，也都是來自濁水溪以南的性情直爽之人，再加上經常在各種社運議題的遊行現場及熱炒酒水攤相遇，可以說是一見如故。

論起私交，雖然我與燕秋相識時間不長，學問切磋有限，一人一手啤酒倒是喝了不少。但我想有一點是特別的。我正好見證了她在學術上最好的時光，而那幾年同時也是她的學界求職階段，我也因此從旁聽聞了她無私的經驗分享與心路歷程。人生在世，我們一見相濡以沫，一時共體艱難；離開中研院後各奔東西，很快又相忘於江湖。沒想到最後一次見到燕秋，只見她的遺容。

後來，依瑪貓來訊，游擊文化計畫出版一本人工流產文集，希望收錄燕秋遺作，惟需將學術論文摘要改寫為大眾讀者文體。在歷史學界眾多的性別史研究青年學者人選之間，我自認並不是最合適的人選。但那一刻依瑪貓對我說：「（中研院史語所）李貞德老師推薦的幾位中，我只認識你，只知道你和燕秋有私交。」

各位讀者所見的這個版本，我刻意選錄並保留了原作者博士論文中的問題意識研究提問，希望能讓讀者認識，像吳燕秋這樣別樹一幟的女性主義者，是如何在她所處的時空條件底下，以一人之力披荊斬棘，窮究史料，開展以女性為主體的台灣墮胎史研究，尋訪我們母親那一代人的聲音。而在口述歷史的呈現上，本文經大幅度重新選編，一方面希望保留訪談者與受訪者的問答口氣，另一方面則就特定議題呈現各方觀點。

本文截稿之時，我躺在病床上以手機寫作這篇短文的當下，正是一夜無眠的凌晨四點，我剛經歷人生第一場手術，還請讀者原諒本文的粗疏。人在病中，惶惶不可終日，才華事小，思想拋諸腦後，思緒一片空白，筆下全無靈感，只剩身體感官痛覺。病房四周不時傳來小動物夜驚般的悲鳴，想必人人都在與自己的痛感共處。除了健康之外，外界事務意義感日漸薄弱。就在此刻，我想起燕秋，在她癌末化療的最後那段日子裡，她又是如何勉力維持兼課教學與研究？如果是我，我做不到。由此可見，作為學者，儘管一路艱難，她對研究的愛情，同樣也是無差別格鬥派。謹以此文，記吾友燕秋，一位堅毅果敢的婦女史學者，一位豪氣敢言的婦女運動者。同時也獻給在台灣跨性別運動上，一直相愛著的亂馬與小茜們。

編按：以下文章在取得遺屬同意授權後，選自下列吳燕秋博士的學術著作，並經梁秋虹老師整理改寫，期望讓讀者對近代墮胎史、口述史、法律沿革等有所認識。

- 吳燕秋，〈眼見為真：戰後台灣婦女驗孕史（1945–1990s）〉，《女學學誌：婦女與性別研究》，第三十五期（二〇一四年）：頁一至五二。
- 吳燕秋，〈避「罪」之道？從月經規則術引進看一九七〇年代台灣墮胎史〉，《台灣社會研究季刊》，第八十七期（二〇一二年）：頁一〇三至一七二。
- 吳燕秋，〈西法東罰，罪及婦女：墮胎入罪及其對戰後台灣婦女的影響〉，《近代中國婦女史研究》，第十八期（二〇一〇年）：頁五三至一一三。
- 吳燕秋，〈「拿掉」與「毋生」（m̂-sinn）：戰後台灣婦女墮胎史（1945–1984）〉（國立清華大學歷史研究所博士論文，二〇〇九年）。
- 吳燕秋，〈台灣婦女墮胎醫療簡史〉，中央研究院歷史語言研究所「醫學史課程基本課程綱領」網頁。

1 墮胎入罪百年史：台灣女性生育自主權的退步與向前

話說從頭：一九九七年那一場「九月墮胎潮」

戰後台灣首次大規模的墮胎論戰，起自一九七〇年「優生保健法草案」，反對墮胎合法化者大多援引西方醫療觀念下的「胚胎生命權」立論。直到一九八四年《優生保健法》立法通過，反墮胎運動走向沉寂。然而，二〇〇〇年起，宗教團體主導的反墮胎聲浪再次高漲，高舉「胚胎生命權」優先的鮮明旗幟，並視墮胎與性氾濫為惡性循環的結果，積極推動《優生保健法》修法運動，陸續提出「靜思輔導期」、「六天思考期」等修正案。

此波反墮胎行動可視為一九九七年大眾媒體炒作青少年「九月墮胎潮」的後續效應。「九月墮胎潮」一說的出現，政府單位相關權責機關、專家代表與倡議團體紛紛發聲，包括醫師、性教育改革者、教育當局、衛生署、反墮胎者、反女性主義者等，弔詭的是，儘管各方陣營各持立場，最終卻又殊途同歸地捍衛父權體系的價值觀，問題化未成年少女的性，遊說立法當局限縮女性墮胎權。

我曾經猜想歷史上的台灣婦女是否也曾像西方婦女運動一般，積極地爭取墮胎自主權？可惜的是，在我攻讀碩士學位時的九〇年代，那時台灣婦女史研究充斥著符合傳統賢妻良母形象，刻苦耐勞、多產又認命的婦女。傳統的台灣婦女會考慮墮胎嗎？或者說，什麼樣的婦女會去墮胎？一九六〇年代，政府為了減少人口壓力而推廣家庭計畫，是否影響或改變婦女對墮胎這項節育手段的看法？看似溫馴賢淑的台灣婦女，可能是一九八四年《優生保健法》的推手嗎？如果墮胎只是違反性道德的婦女消滅罪證的方式，政府為什麼要大費周章地為這些悖德的婦女通過墮胎合法的法律？這些未能獲得解答的疑惑，促使我投入台灣婦女墮胎史研究。

特別想研究探討戰後台灣婦女墮胎史，起因於對家母生育經驗的好奇。我的母親總共生了六個子女。在她的育齡期間，政府主導的家庭計畫已然展開。母親偶而會抱怨生太多子女，但是否考慮過避孕或是墮胎？要從害羞又保守的她口中知道這些事，極為不易。我想藉由挖掘這段沉默的歷史，以貼近母親的生育經驗，更加瞭解母親的生命史。

再者，一九九七年「九月墮胎潮」的歷史意義為何？也是頗令人玩味的問題。如果墮胎潮被視為性教育失敗的證明，那麼在一九六八年九年國民義務教育未實行前，幾乎沒有性教育可言，何以不曾出現墮胎潮的恐慌？難道墮胎潮只是墮胎合法化的產物嗎？如果北市醫師估計一年超過上千個少女墮胎，便可稱之為墮胎潮，那麼墮胎潮早就已經發生了。因為早在一九八二年，台灣醫師公會理事長吳基福就宣稱「台灣每年有近五十萬婦女找密醫墮胎」。那麼，重新將一九九七年的「墮胎潮」放回歷史脈絡中來看，或許更能凸顯其時代意義。

在我的成長過程中，偶爾會聽聞紅花之類的墮胎藥，或是墮胎手術，但這些資訊不是過於零碎，就是缺乏歷史連貫性的呈現。究竟台灣墮胎技術發展的物質基礎與歷史為何？這些物質基礎是否影響婦女對墮胎的選擇與看法？一九八四年以前的醫療社群在提供墮胎技術時，又是採取什麼樣的態度？是否也曾面對一九九七年以後的種種爭議或醫療利益糾葛？或是有著截然不同的歷史樣貌？這些疑惑都是激發筆者從事本研究的問題意識。

《戰後台灣婦女墮胎史（1945-1984）》，旨在呈現戰後台灣墮胎非法時期，婦女作為生育反抗主體，在各種技術與論述權力介入生育領域後，能動性日漸萎縮的過程。為了凸顯墮胎罪對婦女、墮胎技術者及墮胎技術發展的影響，筆者將時間上限放在一九四五年，下限則訂在放寬墮胎限制的《優生保健法》通過時間一九八四年。

性汙名的歷史觀點：墮胎？止孕？人工流產？

何謂「墮胎」？自古至今，墮胎概念意涵並不相同。使得今日人們望文生義，有所誤解，盲目否定女性墮胎需求，亦忽略過去女性曾有的墮胎自主性。「墮胎」一詞包含對懷孕、生育的看法，以及對女人合法的「性」定義、婚姻地位的想像，還有相關技術的發展。「墮胎」雖與女人的性息息相關，但今日人們的想像，常僅停留在婚外「性汙名」的層次。在《優生保健法》通過前，就有論者以為「墮胎」一詞含有負面貶抑的意思，要求完全以「人工流產」一詞取代。《優生保健法》中也以「人工流產」定義或表述之。近年來，有學者擬更進一步提倡以「止孕」代替「墮胎」。不過，以「人工流產」一詞替代「墮胎」是否就比較正面？然而墮胎原就不限於犯姦婦女所為，已婚婦女也會墮胎來解決生育困境，歷史中的「墮胎」與性汙名的內在連結亦非今日般緊密。

從中醫史的角度，「墮胎」為中性客觀的用詞，意指自發性或是人為導致胚胎排出的結果。「胎」與「產」不同在於孕期長短，而非汙名。此外，捍衛胎兒生命權的反墮胎者主張生命始於受孕的瞬間，「止孕」之說並未超越受孕的界線，也難以弭平胎兒生命權與墮胎選擇權之間的拉鋸戰。因此，若執意以人工流產或終止懷孕（termination）等名詞來替代「墮胎」，可能只是將傳統漢文化生育觀硬塞入近代西方胚胎生命觀的框架中，而未能呈現西方文化影響前後的台灣墮胎史發展與轉變意義。

何謂生命？在母體與胚胎的生命倫理困境面前

西方的墮胎爭議，長期陷入「胚胎生命權」及「墮胎選擇權」（女性生育自主權）兩極對立的膠著狀態，台灣也有步入後塵的跡象。可是，這樣的兩難論述並不存在於一個世紀前的人們心中。十九世紀中葉前，英美法系普通法（Common Law）以「胎動」（quickening）作為違反墮胎罪的界線，緣於懷胎婦女必須透過胎動才能感受腹中生命的存在，所以婦女在胎動前自行墮胎或找醫師協助墮胎都不違法。指控墮胎殺人的胚胎生命論，在一九七〇年代以後才逐漸在台灣盛行，與之前人們對墮胎的認知並不相同。

例如，許多婦女會用「拿掉」或「毋生」之類的語彙，來表達墮胎的意願，而非直言要求「墮胎」。就語意而言，「拿掉」指改變某物的物理位置，

「毋生」（m̄ sinn，「不生」之意）則表現出生育主體拒絕生產的強烈意願。這兩個詞隱然保留了二十世紀以前漢醫傳統對墮胎的理解：視未成形胚胎為「血塊」，婦女可不受法律約束，拒絕生產。從婦女「拿掉」與「毋生」（m̄ sinn）到《刑法》意義下的殺生或殺人，二者實存在著相當大的認知斷裂。此認知斷裂起初是外來統治勢力介入埋下的種子，結果改變了婦女對身體的認知、母體與胚胎的關係，也侵害了婦女承襲已久的生育利益，更加強了對婦女醫療與性的監控。

要理解台灣墮胎史，不能自限於西方墮胎爭議，執著於母體與胚胎的對立理解，而無視墮胎婦女的權益與需求。究竟該如何看待懷孕母體與胚胎的關係？回顧歷史，墮胎爭議不只是對立陣營的意見與肢體衝突，更重要的是婦女對自己身體感知能力被剝奪的過程。

芭芭拉・杜登（Barbara Duden）所著《身不由己的女人》（*Disembodying Women: Perspectives on Pregnancy and the Unborn*，暫譯）[1]一書所亟於討論的，人們對於尚未誕生（unborn）的想像是什麼？是生命、是人？婦女如何感覺它、確認它的存在，進而成為一個稱職的代理人／孕育容器？在腹腔顯影技術未出現的漫長時代裡，女人懷孕後子宮內胚胎發展的情形，出自於人們的想像，人們甚至不確定疑似懷孕的婦女，所孕育者是否為人胎。不論孕婦基於什麼理由，用何種方法將胚胎排出體外，都沒有人會去追究她的責任，儘管她因此賠上了健康或自己的生命。生命起於何時？並非客觀科學事

1 編註：芭芭拉・杜登，德國醫學史家、性別研究者，普遍被認為是身體史學的先驅，杜登擅長以個人身體的認知，與女性的感知出發，重新建構出社會歷史和文化研究。這裡提到的《身不由己的女人》，即是杜登的代表作之一，她認為自十八、十九世紀起占據主導地位的科學理性論述，將女性的身體「剝離」並使其在社會上工具化。《膚下的女人》（*The Woman Beneath the Skin*）亦是其重要著作。

實的呈現，而是各方勢力運作下展開的權力布署。而生命起於受孕的說法能夠取得優勢，則是十九世紀西方正規醫學組織與宗教勢力，透過政治手段達到的結果。

懷孕不是病：國際衛生因素、墮胎技術競合與醫用關係變化

在台灣，墮胎爭議也不可避免地涉及醫療專業競爭與醫療環境限制等藥物、技術等物質基礎的發展。鑑於技術上不易監控及檢驗出婦女墮胎的痕跡，執法單位可能無力也無法管制婦女墮胎。傳統中醫將母體中的胚胎視為外來且不穩定的侵入者，必須藉由儀式穩固。如果懷孕易受到外力感應，而且有不穩定的身體變化，那麼婦女流產究竟屬於人為，或是身體的自然反

應，則不易得知。近代西方醫學權威認定生命起於受孕後，禁絕任何時期的墮胎，除非是懷孕或生產有害婦女性命的情形，才准予墮胎。從此胚胎生命的存在不再依據婦女的懷孕感受，而是驗孕技術測量後，轉譯解讀的結果。

不可忽略的是，直到一九六〇年代，許多驗孕方法對懷孕初期的檢測準確度仍然不佳。為了避罪，也為了減少人口，在許多國際節育組織及醫師希望「懷孕」女人及早消失的共識下，變相鼓勵「未懷孕」婦女體驗「類墮胎」手術。不準確的驗孕技術，居然造就了台灣「月經規則術」（Menstrual Regulation，或簡稱MR）的黃金時代。不論「月經規則術」是否在合宜的、無菌的醫療環境下進行，世界上已有數以百萬計的婦女做了不必要的「類墮胎」手術。

除非將懷孕本身當成疾病，否則將墮胎婦女與墮胎醫師以單純的醫病關係處理，似乎並不恰當。當然，這也引出了另外一個問題，今天許多醫療專業技術的應用，早已脫離治療的範疇。性別研究者成令方試圖以醫用關係取代醫病關係的觀點，或許也可以用在墮胎協商中，思考婦女與醫師或任何提供墮胎服務者的互動關係。許多婦女墮胎並非基於疾病等治療理由，而是想改善生育環境及生活待遇的社會因素。同樣地，許多醫師願意提供服務，也未必依據病理，而這些可能涉及墮胎罪的非治療性墮胎，也同樣帶來龐大利潤。另一方面，婦女若是選擇墮胎，則被擴張詮釋為放棄生殖能力或母職，成為被醫療化的對象。例如，一九五〇年代的美國，有些醫師要求想墮胎的婦女，必須同時作結紮手術，帶有懲戒婦女的意味。一九七〇年代在韓國、孟加拉等地推廣的「月經規則術」，則是與子宮避孕器「樂普」（Lippes loop）或結紮配套採用，務求解除婦女的生殖能力，讓人口增加問題一勞永逸。同樣的情形也發生在一九八四年後的台灣，依據《優生保健法》墮胎的婦女，必須在兩個月內結紮，才能獲得一千五百元的補助，否則只有補助五百元。

你的子宮不是你的子宮：國家父權與醫療科技合謀的性監控

從性規訓的角度來看，墮胎非法是國家對女人展開全面性監控的重要基礎。傳統社會的家族主義中，違反性規範的婦女由家族主導的私法處置，在以個人主義為圭臬的現代社會中，家族不得干預個人的權利行使，於是轉向張娟芬所說的「人盯人」式父權。「人盯人」式的父權，也是一種異性戀霸權，在具體的操作上，透過異性戀婚姻、愛情機制，讓個別女人甘心情願為個別男人所掌握。再就海蒂・哈克曼（Heidi Hartmann）[2]對父權體制的定義來看，父權不只是意識形態的運作，還有賴物質基礎及等級制度的貢獻，才能建立男人之間互相依賴及團結，共同宰制女人的機制。因此，除了異性戀霸權的意識形態外，必須輔以更細緻的法律操弄，以及相當的物質基礎，才能合理化個別男性在私領域中的支配權。所以，醫療權力才能夠作為父權機制的利器，有效地監控、規訓婦女的身體與性。當代家庭計畫的推行過程，國家授權讓公共衛生護士，逐家逐戶推廣與性相關的避孕規訓與用品，曝光已婚女性生活的可見度。什麼樣的女人可以墮胎，什麼樣的女人不行，女人墮胎由誰決定等問題，都在移植西法後全面禁止，後來逐步開放，先是醫師獲得醫療授權，接著男性配偶也獲得合法的決定權力，已婚女人必須經由層層關卡診斷與同意，才能達到墮胎的目的。

隨著透視科技及監控技術的改變，現代意義下的女性身體自主權可能面對日漸緊縮的結果，而非擴增賦權的樂觀想像。科技發展為婦女帶來的便利，或許也連帶地加重婦女心靈負擔及枷鎖。現代醫學為降低婦女生產風險而對孕婦加強產前檢查，如照超音波以確保胎兒在子宮中的正常生長，但超音波的功能不僅監控孕婦身體，也窺視著胎兒性別。父權社會中重男輕女的意識形態，驅使人們濫用超音波或羊膜穿刺篩選胎兒性別，甚至無視孕婦意願，強迫孕婦墮掉不為家人所喜的女胎。由此可見，科技物若成為迎合父權體制的工具，於女性的身體權益無益。

---

2 編註：海蒂．哈克曼，美國女性主義經濟學家，麥克阿瑟獎得主，也是華盛頓婦女政策研究所（IWPR）創辦人。研究範圍涵蓋女性主義、經濟與公共政策。經典作品有《資本主義父權以及社會主義女性主義的主張》（*Capitalist Patriarchy and the Case for Socialist Feminism*）等。

2 她們和他們怎麼說？墮胎口述史裡的聲音

三姑六婆：女性生育知識網絡與傳統墮胎方法

台灣傳統醫療中的多種墮胎途徑是由女性生產知識網絡發展出來，包含居家服食中藥，或是挪用女性孕產保健常識或禁忌。從女性史的角度，台灣女性曾是墮胎技術的積極使用者。傳統墮胎方法、建立在傳統社會網絡女性之間隱密流通的生育知識網絡，同時也使得反抗生育的知識在女性群體之間口語相傳，不想生、不願生的婦女，萬事問三姑六婆，總能找到辦法。

日治時期，現代新式避孕技術經日本引進台灣，報刊出現避孕用品廣告，包括男性保險套、女性子宮內避孕器、子宮帽、子宮灌洗器、殺精劑以及通經劑等。醫藥廣告中的墮胎手段，則以藥物為主。

戰後初期，政府解除對中醫的限制，西醫人數亦大幅增加，提供女性更多的墮胎選擇。墮胎藥物可能來自中醫、草藥舖，或是種種民間訛傳的祕方。首先是日治時期就已進行臨床實驗的奎寧，日籍醫師栗原金彌認為引發流產的原因，也可能是罹瘧女性子宮內的胚胎死亡，僅藉由奎寧引發的子宮收縮將胚胎排出。其次是紅花。紅花、蘇木皆為染劑，也可作為中藥藥材。紅花看似民間偏方，據《古今圖書集成醫部全錄》、《普濟方》所載，亦具漢醫處方根據，可作為通經藥材。儘管藥物墮胎相較手術便利，且易取得，但藥性不穩定也是事實，藥物效用如何，關係到女性的身體素質、懷孕周期、使用劑量等，選擇居家用藥的女性無法自行評估的狀況下，必須承擔不完全流產的風險，包括大量出血、子宮穿孔、引發敗血症乃至摘除子宮等。換句話說，戰後女性雖試圖展現其墮胎主體性，但其選擇卻未必遵循現代醫療意義的安全準則。

▲訪談者：吳燕秋

△受訪者：C助產士（一九五四年生．新竹．具施行墮胎手術經驗）

C助產士：鄉下地方只要一個人做，大家都會知道，但男人不會知道。有的妯娌互相幫忙，因為你會遇到，我也會遇到啊。

吳：如果有人來找你做，不是老鴇帶來的，你怎麼處理？

C助產士：那要看身分證啊。還要先生本人啊。

吳：如果只有拿先生的身分證，會幫她做嗎？

C助產士：除非是她婆婆什麼的陪她來。

吳：有婆婆會陪她來啊？

C助產士：有婆婆會陪媳婦來啊。

吳：早期的人都是吃紅花，這個資訊怎麼來的？

C助產士：不知道啊。反正以前如果說要墮胎，就會去藥房買紅花回來吃啊。

吳：你不是都在外地念書嗎，你怎麼知道這些資訊的？

C助產士：沒有啊，我就是從那大家族生活知道的啊。小時候，我們在鄉下地方，我們幫忙洗衣服，就會聽到她們在聊天：「昨天某某就說不要再生了，去買了紅花來吃，下血下成這樣，還在床上躺著，今天才沒出來洗衣服。」

△受訪者：N女士（一九四七年生．台北．教育程度小學．不知墮胎違法．墮胎時間一九七〇年間．墮胎次數一次．生育子女數四名）

N女士：刮囡仔的事，我就……知道人家去拿囡仔，拿囡仔，那細節我就不知道了。是曾聽過人家說沒刮清氣（即沒刮乾淨），沒刮清氣，會一直流血啦。有人沒刮乾淨，就那種常在走婦產科啦……

N女士：紅花，是一種漢藥。（吳：對。漢藥……）紅紅的，細細的，那個是植物，那是怎樣，我也不會。這有人說是吃不要生的啦？

N女士的妹妹：墮胎的啦。

吳：這誰跟你說的？你怎麼知道這個事情？

N女士：這喔，這也是聽人家講的呀。紅花你去漢藥店看，那紅紅，細細，細細，有人說，那個在吃毋生（m̄-sinn）的。吃漏胎的。漢藥店我曾見過。

△受訪者：P助產士（一九二八年生．新竹．台北帝國大學附設看護婦養成所訓練．無施行墮胎手術經驗）

P助產士：以前就大家去吃藥啦、注射啦。

P助產士：我跟你講啦，那是要……我跟你講，三個月以後，一個多月以前才有法度，要不然實在是沒法度。

吳：吃什麼藥？

P助產士：那時候怎能說要吃什麼藥？（吳：不然……）吃……以前吃紅花，什麼的也不一定，你知道毋。那時（吃）紅花就像mc會來……

吳：你也聽過吃紅花喔？

P助產士：有啊，以前用奎寧，也可以啊。

吳：可是奎寧那個藥很奇怪啊。那個中藥不會開奎寧啊。

P助產士：中藥沒有。奎寧是西藥，奎寧是マラリア的那個啊。（吳：對啊，那你們怎麼……）啊可是我們以前就好像，奎寧要怎麼講，它就，它那個藥比較強，所以對那個方面也……

吳：我的問題是說，怎麼會知道紅花跟奎寧？

P助產士：中藥就是紅花啊，你紅花也有比較紅的，比較正的，有的也比較沒有。說幾錢，有時候也不能放太多啊。要放正的啊，沒有正的也沒效啊。

吳：但是女人怎麼會知道這個？

P助產士：就中醫生有比較相識的。要買藥也會比較相識。我們要買，以前白鳳丸啊，什麼大陸來啊，香港來啊，買到假的！就好幾百。

吳：你有聽過一種藥，叫黑面麻？

P助產士：黑面麻？黑面麻這個比較不好。

吳：黑面麻是什麼東西？

P助產士：黑面麻要怎麼講，也是一種比較強烈的藥，你曉不曉得。對身體比較。不要那種（指黑面麻）你如果是奎寧跟這款（指紅花），我就比較敢。你如果說袂清氣的時候，紅花也不能……你要看情形啦……

△受訪者：S醫師（一九三八年生．台北．具施行墮胎手術經驗）

吳：像你早期在看門診時，有沒有女性要做人工流產，她自己可能先試了別的方法，吃了什麼藥，結果都沒有用，然後再來找你的？

S醫師：有，有啊。吃中藥，吃紅花，都有啊。中藥吃失敗了，流產流不乾淨，找醫生。像血崩，來找醫生，有啊。中藥，她們去找紅花，吃流產的。有。真的找中醫師開(藥)，有。以前剛光復的時候，她們就怕刮小孩子，要花錢，去買成藥，或者找中醫師開。啊，中醫師，你流產，他自己也不會處理啊。變成不完全性流產，運氣好，流乾淨，你是運氣好。流不乾淨，那麻煩。那你要找醫生啦，中醫師也沒辦法。

吳：可是她這樣的情況，會不會對西醫師反而是好的？因為有個不完全性流產……

S醫師：當然啦，為了治療幫她處理。那觀點又不一樣，不是為了賺錢，趕快爭取時間。要是流了一個月，半個月，血壓低，貧血，要輸血啊。那醫師做反而更要小心。刮下來就休克的，死掉也有。

墮胎技術者競合關係：西醫、中醫、助產士、密醫

戰後台灣，雖然合格的婦產科醫師可依據《刑法》第二八八條「因疾病

或其他防止生命上危險之必要」合法為女性墮胎，醫界人士在公眾場合，並不輕易表態支持或反對墮胎合法。直到一九七〇年「優生保健法草案」擬定後，醫師才公開支持墮胎合法化。然而，《優生保健法》一拖十數年，直到一九八四年才通過。不過在優生保健法草案擱置期間，墮胎合法化的訴求有效地與打擊密醫論述結合，並在《優生保健法施行細則》中，順利排除非西醫的墮胎方式。

女性逐漸改變墮胎方式後，墮胎不再是自助可居家完成的過程。一九五〇、六〇年代，醫療環境的改善、墮胎廣告的盛行，以及助產士及子宮內避孕器等助力，驅使想墮胎的女性走向助產所、私人婦產科診所，或是公立醫院，進行墮胎手術，使得侵入性的醫療器械更輕易地進入女體。相對於其他的墮胎技術，手術有助於鞏固婦產科醫師執業範圍，排除其他墮胎技術者的競爭。醫師希冀透過手術排除其他競爭者，卻很快為非專科醫師利用。例如戰後初期，欠缺開業資源與客源的醫師，看中助產士的執業場所助產所，展開與助產士合作互惠的墮胎網絡，助產士因而習得墮胎技術，也開始為人墮胎。

凡是非法為人墮胎，例如合格醫師、中醫、助產士、護士、密醫等，皆觸犯中華民國《刑法》第二八九條「加工墮胎罪」、第二百九十條「意圖營利加工墮胎罪」。上述合格醫師、中醫、助產士、密醫等即為墮胎技術者。

密醫經營的墮胎診所，如果沒有合法醫師的協助，並不容易生存。

一九六〇年代衛生處禁止公立醫院醫師在外兼職或開業，使得醫師經濟拮据，也讓醫師願意與助產士或密醫合作開業，或是租借牌照。另一種常見的是軍醫掛名的診所。雖然軍醫有合格醫師的執照，但在許多人的認知中，軍醫並非真正的醫師。許多開業軍醫必須藉由扮裝、書寫病歷，展現醫療專業形象，醫院或診所的實際經營有賴助產士或護士的診療實作，顛覆戰後醫師與助產士的主從權力關係。這類婦產科診所通常標榜女醫招徠業務，凸顯求診女性的性別偏好。

西醫雖從日治時期即已取得官方的主流醫療優勢，但常民未必就此完全認同西醫，將西醫當作唯一的醫療選擇，這可從戰後坊間雜陳的中醫診所、青草店，或是民俗醫療的盛行窺知一二。今日人們對婦產科男性醫師習以為常，並非自然演變的結果，而是男婦產科醫師藉由與女性醫療專業者合作或證照、保險等機制發展出的優勢。因此，戰後婦女的墮胎方式從服藥走向手術，或是婦女從徵詢女助產士到求診男婦產科醫師，背後隱含極為特殊的醫療權威消長意義。其中，基本的「子宮擴刮術」（D＆C）、一九六〇年代的「子宮內除去器」及「真空吸引術」，一九七〇年代的「月經規則術」，都是人們熟悉的墮胎手術。腹膜炎，則是墮胎手術最容易引發的併發症。

囿於專業法規，助產士的技術越界，並不如婦產科醫師介入正常生產的業務般順利。基於性別的優勢，透過助產士，不論是執行手術或轉介醫師，都有助於提升產婦對手術的接受度。在墮胎違法的前提下，墮胎技術者的社會網絡並不穩定。因此，施術者往往傾向事前審核墮胎女性的婚姻背景，以免遭到舉發或牽連。在性道德的篩選下，唯有合法的婚內性關係，才容易取得風險較低的墮胎選擇。

過去學者對助產士與男婦產科醫師在接生業務上的不平等競爭，有著相當詳盡的探討，但鮮少觸及墮胎業務方面。實際上，許多助產士接生之外，兼營墮胎，也是公開的事實。戰後初期助產士與醫師的合作關係是互惠的，助產士提供場地、客戶讓醫師練習墮胎，醫師則以墮胎技術交換。助產士為人墮胎，仍以使用器械刮搔子宮的方式為主，而非用藥墮胎。此一互惠關係隨著婦產科醫師的接生率提升及種種優勢遽增，《醫師法》也排除了部分想藉墮胎維生的助產士。

▲訪談者：吳燕秋

△受訪者：P助產士（一九二八年生．新竹．台北帝國大學附設看護婦養成所訓練．無施行墮胎手術經驗）

吳：像你剛說那個，XX（公立醫院名）怎會幫人家墮胎？

P助產士：一樣啊，一樣教他墮胎啊，他沒有犯法啊。法律那時沒有規定說袂駛啊。反正你自己要去就可以，他也沒給你規定。以前沒有。以後就不行喔。

吳：是這樣子嗎？

P助產士：對。對啊。

吳：可是那個（刑法）墮胎罪，本來就有的了。

P助產士：有啊，很多人都……光復以後才一直有墮胎（手術）這個事，以前是沒有啦。

△受訪者：T女士（一九二三年生．台北．教育程度大學．職業醫師．知悉墮胎違法．墮胎時間一九五〇年間．墮胎次數三次．生育子女數一次）

T女士：（壓低聲音）正式醫生（一九五〇年代醫師組成包含西醫師、中醫師、甄訓醫師及乙種醫師）在外面開業做打胎啊！他開業的ㄟ。這種大的機構開業絕對不敢做，犯法的ㄟ。

吳：你說他是密醫（指無醫師執照者）嘛。

T女士：是密醫，當然是密醫，等於（指非法施行墮胎的有照醫師）。

吳：可是他有合格資格的啊。是合法醫師啊。

T女士：那我不應該，不曉得怎麼稱呼。合格的醫師，問題是他自己開業，就可以打胎。你不知道啊。他打了胎，誰知道？

△受訪者：H醫師（一九三九年生．台北．具施行墮胎手術經驗）

吳：這樣你做月經規則術是只要直接吸出，不用再用刮的嗎？

H醫師：有時候吸喔，那個管是軟的。（吳：對）有時候刮的不乾淨，有時候就這樣……還有點緊，有點硬的東西，就像你用掃把掃，掃不出來，你就要用硬一點的刷子去刷。

吳：所以有時候多少還是要……

H醫師：我們的目的，就是技術要好，倒不在於器械、柔軟度。你一些器械、技術好，而且能夠澈底，不會造成不完全流產，這最主要目的。你技術不好，就是用月經規則術，還是會子宮穿孔。還是有啊，對不對。

△受訪者：S醫師（一九三八年生．台北．具施行墮胎手術經驗）

S醫師：有啊。可是那個喔，效果也不是很好啦，也不會很乾淨。那是法律漏洞啦。老實講，那就是變通流產。啊，我給你吸一吸，大家收縮差，我給你用比較快。變通，這講出來不好聽啦，醫生為著月經規則術的漏洞，刮子宮的法律漏洞。就是，好像灰色地帶啦，灰色地帶啦，不是真正流產。真正流產，對，法律問題這樣。啊你收縮差，給你吸一吸就好了。講得模稜兩可，就是刮小孩子。刮小孩子，吸得也要乾淨啊。不見得會乾淨，有時候就是合併症，不乾淨。壓力不夠。一個月抽要十次，兩個月要五十次，不乾淨啦。不好。

△受訪者：Y醫師（一九三五年生．台北．具施行墮胎手術經驗）

Y醫師：我做一個墮胎。倒是患者，不是說她好意喔，是來害你喔。她就自己來做，做完了就去檢舉你。檢舉完了，我們醫生就要上法院了，那還得了。那當然，有時候她們來是講實話，那些 complain……那我們也會給她做啊。

吳：所以你還是會問她一些……

Y醫師：對呀。你要考慮她的立場。而且有時候會發生醫療糾紛喔，就是有哪一邊缺陷才會發生，你兩邊都OK的話，怎麼會發生？對不對？就是說，你也給她做得很好，也沒有發生什麼問題，然後她也是誠意地，為了這樣才來找你的，那就沒問題了。就是說，第一個，她違法地來找你，你又為了賺錢給她做，做了，然後她犯法，那你就要跟著賠啦。第二個就是，她本來找你，都是你的技術不好弄壞了，你又不賠她，她就告你了，對不對？

Y醫師：她已經當阿媽了，五十幾歲了，人家都不知道，她一直害喜……。她已經五、六個月了。她那時候來找我，我就給她剖腹產。問題是說她怕人家知道懷孕了來開刀，人家來看就說長瘤啦。

吳：所以只有你跟那個太太知道這件事？

Y醫師：對。

吳：先生知道嗎？

Y醫師：先生當然也知道，因為這個又不是犯法。自己的小孩子啊，她都已經當阿媽，五十幾歲了。

△受訪者：L助產士（一九三七年生．新竹）

吳：你有幫人家做嗎？

L助產士：有，但不是每個要求都幫她做。對於墮胎我是很反感的。因為以前的女性不懂得節育嘛，經濟能力也不允許。有的生了四、五個，五、六個，生了很多很多。以前不允許墮胎，那她一直要求。我就說「好，我就幫你一次」。就幫她做。可是做了一次，她還要來，我就真的很煩惱，就幫她再做一次。第三次她再來，我就不做了。甚至有小姐來要求，我就更不願意做了。小姐的話，我就說，你要請你的父母來。那她就請男朋友來。我說，男朋友來不可以，他沒有權力……有的父母是很顧臉皮的。比如說，就是小孩子非拿掉不可。不拿的話，我就把她打死，一定要把她打死。那父母帶來的嘛。就在我們產院一直吵啊、鬧啊，一直打他女兒。打得很慘啊。我就好吧。就給你拿，因為父母有來嘛。就跟她拿這樣子。

女性墮胎經驗：從私房祕藥到專家手術

自戰後初期台灣婦女開始從居家服藥走向醫院手術，經歷墮胎技術與空間的轉變過程，逐漸失去其作為墮胎主體的能動性。論及婦女墮胎主體性，需同步考量婦女主觀意願及其可取得的外部資源。自一九六九年實施九年國民義務教育後，新一代婦女從體制內的教材學習吸收西方醫學知識，俗民產育知識不再受到重視。戰後台灣社會轉型與經濟發展的背景下，三代同堂大家庭逐漸瓦解，核心家庭中的職業婦女得以享有更高的生育與經濟自主性。助產士或婦產科醫師的專業角色，排除傳統產婆或女性耆老對婦女生產的介入與照護。繼而輔以政府查緝密醫及開立出生證明的規定後，過去由婦女主導的傳統互助生育網絡及有相當重疊的拒絕生育網絡，已然消失。

一九六五年展開的台灣省家庭計畫研究所歷年的家庭與生育力調查，是戰後最早且具全面性的墮胎統計，育齡婦女具墮胎經驗者占十%，一九六七年、一九六九年則分別為十二%、十四%，可見逐年上升的趨勢。再加上，一九六八年行政院通過《台灣地區家庭計畫實施辦法》，人口政策、計畫生育、婚內避孕亦成為重要時代背景。那麼，究竟一九七〇年代台灣女性對墮胎態度為何？我們不妨參考一九七四年陳清清、陳喬治對家庭計畫工作人員的調查研究。該研究顯示年齡、在職期間、教育程度、宗教信仰、婚姻狀況等，都能影響人對墮胎的態度，其中左右「生命何時存在」或「靈魂何時進入人體」的看法關鍵，則視個人的宗教信仰而定。說明了女性對墮胎的感受，是因人而異的。

▲訪談者：吳燕秋

△受訪者：C助產士（一九五四年生．新竹．具施行墮胎手術經驗）

C助產士：她們聊天就會說到，那一天哪個人哪裡不舒服去給醫生看。就有人問怎麼不去給產婆看，去給醫生看？接著就有人就罵不要臉，腳開開去給男人看。她們就這樣講。那時候我大概念小學初中的樣子，可是我印象很深刻。

△受訪者：Z女士（一九四四年生・新竹・教育程度初中・不知墮胎違法・墮胎時間一九六〇年間・墮胎次數兩次・生育子女數四名）

Z女士：要是跳繩什麼的，都有試過。

吳：你都有試過啊？

Z女士：有。還高高的地方跳下來，它還是不會啊。

吳：這樣子。

Z女士：你會死掉，但它就是不會死掉啊。

△受訪者：J女士（一九三四年生．台北．教育程度高中．知悉墮胎違法．墮胎時間一九六〇年間．墮胎次數兩次．生育子女數兩名）

J女士：有時候就爬樓梯啊。看會不會跳掉啊，怎樣的。

吳：通常會去爬樓梯，那時候都還不確定吧？

J女士：我跟你講，就是已經覺得有了，就趕快去做這個準備。

吳：那時候，那時候為什麼會以為這樣有用？

J女士：心理作用啊。就覺得跑跑跑，大概這個會流出來呀，還怎麼樣。這個就是很幼稚的想法啦。

J女士：因為這個都是土番事。因為我們科技也不是很落伍的，怎麼會去吃紅花，那都是古代電影看出來，才會有去吃紅花這種經驗乀。我們從來都不吃這個東西的，從來不敢吃中藥墮胎。累死了，隨便到醫院墮胎就好了，吃那個死掉了還不知道。

△受訪者：Z女士（一九四四年生．新竹．教育程度初中．不知墮胎違法．墮胎時間一九六〇年間．墮胎次數兩次．生育子女數四名）

吳：你那時候怎麼會知道墮胎這個事情呢？

Z女士：嗯。墮胎喔。就是會，會，我先生有講說，有講過說，不想生的話就要拿掉。就講「拿掉」，那時候不知道叫墮胎，就講「拿掉」。

吳：你現在還會想起以前墮胎的事嗎？

Z女士：不會ㄟ。

吳：不會？

Z女士：嗯。因為不會像說會留下什麼痛苦的記憶。不會。

吳：都沒有？

Z女士：像（生）第四個，就會留下痛苦的記憶，住院的時間太長了。那種痛苦，進入昏迷那種黑暗期，記得。反而那個墮胎的記憶都沒有。

吳：那個時候不是說不敢去醫院嗎？那個時候。

Z女士：就是去到那個……我先生後來把我拉到那個中壢（軍營附近），中壢那個婦產科（軍醫），我現在都忘記了。把我拉進去，我又跑掉，反正兩、三次以後，我就才真的這樣被他拉進去看醫生。就是我記得有看醫生的事，就那時候看婦產科的事。

吳：你都已經跑去那邊了，你幹嘛還跑掉？

Z女士：我跑掉了。那時候我覺得很丟臉，他叫你把褲子脫掉ㄟ。

吳：你那時候知道婦產科會叫你把褲子脫掉嗎？

Z女士：沒有。一進去，他就叫你把褲子脫掉，我就走了啊。

△受訪者：B女士（一九三六年生．高雄．教育程度小學．知悉墮胎違法．墮胎時間一九六二年後．墮胎次數五次．生育子女數三名）

B女士：我若沒來洗，我就煩惱到⋯去便所看，去便所看有沒有來。都很煩惱。都吃藥啦，注射（打針）也是都袂來。吃紅花炒豬肝，也都袂來。

吳：除了紅花炒豬肝，還有什麼？

B女士：擱注射吃藥啊，也袂（來），都一定要拿（動墮胎手術）。

吳：阿さん，我問你一下喔。你每次去做，他手術做得好不好？

B女士：我每次拿完，都怎樣呢，都這樣嘿未清氣（斷斷續續出血），不會收縮。那叫做不會收縮。我就去西藥房，她就給我打一支針，就好了。

吳：你不會想說去找那個婦產科，他要給你負責喔？

B女士：但是我攏……那比較沒那個（收縮）時，我都去找那個西藥房的，跟我很好。她都幫我打一支針，就會收縮啦。

△受訪者：S女士（一九四九年生・台中・教育程度專科・知悉墮胎違法・墮胎時間一九七〇年・墮胎次數一次・生育子女數三名）

S女士：完了坐在那裡，血還是一直拼（或為「傾」，大量流出之意）出來，那血滿……。掉那血塊出來……但是他刮得不乾淨，後來喔，我還，半年裡面喔，也都會掉一些血塊。那應該是那個裡面的黏膜，割袂起來（意指沒刮起來），歸角（整塊之意）。

回來，我就買一個什麼補補……

吳：後來你回去，覺得如何？

S女士：就跟你說，第一個在那裡出血，回家有跑那個血塊……

吳：你有再去找那個醫院解決嗎？

S女士：在台南ㄟ。

吳：那有沒有去找別家醫院看？

S女士：沒有。因為那時候墮胎是不合法的。

二十世紀的發明：法律上從無到有的配偶同意權

配偶的墮胎同意，原為非法墮胎技術者用來維持墮胎社會網絡穩定的手段，但在墮胎合法化的過程中，為平息反對陣營的女人性自主焦慮，於是在《優生保健法》賦予其正式的法律地位。一九八四年通過的《優生保健法》，表面上是台灣墮胎合法化的重要里程碑，實際上卻排除多數婦女的墮胎自主權。未成年女性必須取得家長同意書，已婚婦女必須取得丈夫同意。墮胎罪既未廢除，墮胎也不算完全合法，婦女與任何墮胎技術者仍有觸犯墮胎罪之虞。

▲訪談者：吳燕秋

△受訪者：D女士（一九三五年生．高雄．教育程度識字．不知墮胎違法．墮胎時間一九七一年後．墮胎次數一次．生育子女數五名）

吳：你怎麼知道是女的？

D女士：有照過才知道。

吳：怎麼決定拿掉的？

D女士：婆婆說生太多個了。是女的所以拿掉。

吳：如果是男的呢？

D女士：可能就不會吧。

吳：婆婆叫你拿你就拿喔？你自己是怎麼打算的？

D女士：她說要拿掉，就由婆婆作主啊。

△受訪者：N女士（一九四七年生・台北・教育程度小學・不知墮胎違法・墮胎時間一九七〇年間・墮胎次數一次・生育子女數四名）

N女士：那時候我們在**（地名），都是厝邊啊。她女兒在說啊。我們看她的體格，就很胖啊。肚子桶就圓滾滾啊，人就胖胖形啊。我們也看不出她有囡仔啊。她女兒才自己在講，看她老母，沒代沒誌說去給醫生看，說什麼她肚子裡的囡仔四、五個月了。

那時說不生也不行了。生完就給人了。生出來就給人了……已經都當阿媽了。自己就覺得很見笑啊，說我怎麼會有囡仔，四、五個月……

吳：你沒有說要不要把它生下來嗎？

N女士：我那時候是……婆婆不給你開刀啊，沒有錢啊。

吳：什麼叫做婆婆不給你開刀？

N女士：我是利用說有瘤啊，有生命危險，不開怎麼行？

吳：所以其實你也想說順便把它拿掉？

N女士：對對，我就把它順便……照醫生說什麼有瘤，肌瘤啦，有什麼，就叫他開刀啊。

其實我的目的是要結紮啦。我知道一定有啦，我驗尿……

△受訪者：B女士（一九三六年生．高雄．教育程度小學．不知墮胎違法．墮胎時間一九六二年後．墮胎次數五次．生育子女數三名）

吳：後來你要去拿時，你說你先生知道。他帶你去的，他不會想多生幾個嗎？

B女士：不要。我公婆不喜歡太多小孩。

吳：你丈夫幾個兄弟姐妹？

B女士：一個而已。我覺得也對，生太多孩子不是太好呢。真的，他們真的做得對呢。那時我若是生五、六個，不好。生孩子不是生多，就蓋歡喜呢。不是。生那孩子的時候，你若生多子，也是多子的煩惱呢。多孫也多孫的煩惱呢。真的呢。真的的代誌。你如果像我的年歲，就會知道多子多孫不是很好呢。

B女士：我生孩子，他們也是對我很不好。對我很不好。他們不會給我補身體。

吳：你公婆是……

B女士：他們蓋有錢，外省的。啊他們很有錢。以前我公公少將退休的。擱***（單位名稱）做主任。蓋有錢。我婆婆很厲害喔，很兇，很兇。

吳：伊是不知道跟你坐月子？

B女士：伊，伊不是，伊很苦毒（苛待）這媳婦。好了（有點難過），不要說那個了。

△受訪者：M女士（一九五六年生．鳳山．教育程度小學．不知墮胎違法．墮胎時間一九七四年至一九七六年．墮胎次數一次．生育子女數兩名）

吳：那時你要去拿，就自己盤算，沒有先跟先生說喔？

M女士：就怕他罵啊。我不知道啊，我不知道他那麼想要孩子啊。我就要去幫忙工作啊，因為那個小叔很歹猴（喜歡刁難他人，難侍候、溝通之意）啊。都會找我麻煩啊。

吳：找你的麻煩？是說你沒有幫忙工作？

M女士：就說那個孩子也要吃怎樣怎樣。我是吃多少啊。我也是幫……

我在煮飯、我在拖地。

吳：家裡只有你一個媳婦嗎？

M女士：那時候只娶我來。我就，家裡我拖地，三餐我煮，洗衣服……。

△受訪者：Z女士（一九四四年生．新竹．教育程度初中．不知墮胎違法．墮胎時間一九六〇年間．墮胎次數兩次．生育子女數兩名）

吳：那你那時候懷孕多久，決定要拿掉？

Z女士：大概，有兩個月。

吳：兩個月。那你跟你先生，誰先提出來的？

Z女士：我自己吧。我先生才不管你ㄟ。嗯。我自己決定的。我覺得說生小孩是女人在辛苦，男人哪有幫忙。真的啊。他一年三百六十五天都不在啊。都是我一個人在做啊。

△受訪者：J女士（一九三四年生・台北・教育程度高中・知悉墮胎違法・墮胎時間一九六〇年間・墮胎次數兩次・生育子女數兩名）

J女士：我沒有覺得有犯罪的感覺，我是覺得要是說，我到那個地方去喔，做這事情，我覺得我很丟臉啊，怕人家看見，不好意思的感覺。其實我並沒有感覺到有什麼犯罪。

吳：那時候都是你姐陪你去，沒有想找先生一起去嗎？

J女士：我們去拿的時候不敢跟他講。（吳：沒有跟他討論嗎？）有給他講喔，他都說多生一個有什麼關係。我就說現在有男的又有女的，要生什麼啊。生一個不男不女的啊？我跟他這樣講。他說多生一個也沒關係嘛。笑話（聲音提高），對啊，你沒關係我有關係啊。

J女士：……你知道墮胎很難過的。在手術台下嘔吐了。……我姐姐就說那個人很好的，也不要你老公什麼的，就不要再問了就去。做完了，就臉色蒼白啊，好像一個死人似的，大嘔吐喔。
嚇死我了。

△受訪者：T女士（一九二三年生．台北．教育程度大學．知悉墮胎違法．
墮胎時間一九五〇年．墮胎次數三次．生育子女數一名）

吳：當你決定要拿掉，你有跟你先生商量嗎？
T女士：他得跟我去啊。他要簽名啊。
吳：他怎麼願意呢？

T女士：我看他對小孩沒什麼興趣。

△受訪者：G女士（一九四九年生・高雄・教育程度專科・不知墮胎違法・墮胎時間一九七〇年間・墮胎次數一次・生育子女數兩名）

吳：後來流產後你要拿掉小孩，有沒有跟你先生商量？

G女士：有。他沒意見的。他不會怎樣。他說隨便啊，你看著辦啊。小孩你不要就不要啊。他一直到現在都跟孩子不親。

一九八〇年代台灣嬰靈供養興盛期

一九七〇年代中期到一九八〇年代中期是日本嬰靈供養的全盛期。日本的嬰靈供養，緣於寺廟因應蓬勃成長的墮胎市場而興起。一九四八年，日本政府制定《優生保護法》放寬墮胎限制，墮胎人數急遽成長。墮胎合法範圍的放寬，有助於墮胎資訊的交流與取得，墮胎罪惡也成為可以販售的商品，提供嬰靈供養無限商機。

那麼，台灣一般大眾如何看待這些被墮出的肧胎呢？依照台灣傳統民間習俗，不足月出生的胎兒，稱為流產、早產或小產。早夭胎兒「放水流」，胎屍多棄於水中任其漂流，以免日後化成惡鬼作祟，阻礙女性再次懷孕。此舉省略傳統喪禮的繁複儀式，用極簡的水葬法處理胎屍，並禁止人們祭祀這些死胎，務求切斷彼此關係。試想，今日若是在醫院進行人工流產，胎屍通常由醫療院所以醫療廢棄物處理。然而，設想若是一位歷經小產的女性，何以冒著無法再懷孕，或阻斷死胎投胎的風險祭拜嬰靈？

事實上，自日本引進台灣的嬰靈之說，並未立刻流行民間。從報紙刊登嬰靈廣告的時間點來看，《優生保健法》通過實施可能占更關鍵的位置。墮胎合法化，讓過去地下的非法墮胎浮上檯面。一九八〇年代末期，台灣報刊上出現多則「超渡嬰靈」的新聞或廣告，如《聯合報》〈詭異嬰靈，怵目驚心，水子供養，非道非佛〉，宗教界及學者對此皆斥之無稽，如《中國時報》〈寺廟超渡嬰靈、無稽，廣告危言聳聽、斂財，宗教界駁斥，指不足為信〉、《民生報》〈嬰靈？佛經未曾記載，普賢呼籲勿迷信盲從〉。反觀嬰靈供養在台灣的發展反而蒸蒸日上，甚至成為寺廟的正規業務，廟方還會開立感謝狀給供養者，每逢農曆七月，媒體亦熱烈報導嬰靈供養的盛況，如《自由時報》〈四十五歲風塵女子登記超渡十三個嬰靈，回首盡是辛酸淚！〉、〈嬰靈纏身？刺青男一次超渡三十個〉。

然而，過度強化墮胎的罪惡感，讓不少女性相信能以此解除災厄，卻反遭詐騙，成為社會事件中的受害者。嬰靈作崇的觀念，也讓墮胎女性成為家庭中意外災厄的代罪羔羊。部分女性墮胎後身體不適，試圖以供養嬰靈改善身體狀況。如此一來，反將墮胎傷害的醫療問題帶回受害者的身上。

▲訪談者：吳燕秋

△受訪者：S女士（一九四九年生・台中・教育程度專科・知悉墮胎違法・墮胎時間一九七〇年・墮胎次數一次・生育子女數三名）

吳：比如說你現在拜了佛，會去想到早期拿掉的那一個嗎？

S女士：不會。但是有一次去普（普渡）的時候，你有出錢，他們都會寫一個黃色的啊，嬰靈啊，恩親債主方面也可以有一個嬰靈，我就不安，就安那個。

吳：可是你是因為別人這樣做，你才跟著做，不是因為你自己有什麼……

S女士：因為你那個還沒成長，不會有什麼罪惡感啊。

△受訪者：M女士（一九五六年生．鳳山．教育程度小學．不知墮胎違法．墮胎時間一九七四年至一九七六年．墮胎次數一次．生育子女數兩名）

吳：有些人說會跑去拜，你有嗎？

M女士：拜？有啦，曾去問過神明啦。

吳：問神明？是怎樣問法？

M女士：去問先生那時候艱苦（身體不適）啊，去問起來（問出來的意思）。

M女士：本來人家是報我去ＸＸ一個古井邊，那仙姑還是什麼姑，問起來也是問陰的。她說一個孩子拿起來……

吳：你有先跟她說嗎？

M女士：沒說啦，那時哪有說。問起來，她就知道了，就叫我們拿衣服給它，讓它去念書啦。它要去念書啦。

吳：這樣就好啦？

M女士：問問就好了。

△受訪者：J女士（一九三四年生．台北．教育程度高中．知悉墮胎違法．墮胎時間一九六〇年間．墮胎次數兩次．生育子女數兩名）

吳：我們剛聊到說你有兩次墮胎經驗嘛，那拿掉之後有什麼感覺嗎？心理上的。

J女士：沒有。沒有一點感覺，很愉快。我不要那麼煩惱，再去帶。生孩子很容易喔，生十個八個都沒問題喔，可是你要去撫養一個孩子，很多很多的心血在裡面。你今天，你生那麼多個孩子有什麼用？你要把他教好。你不教好的話，以後你煩惱就更多。養子不教誰之過嘛。

吳：那這幾年大家不是說嬰靈什麼的，你會想到這些東西嗎？

J女士：不會（笑）沒有想過，這不可能的事情嘛（大笑）。

吳：會有罪惡感嗎？

J女士：不。這是我個人的，個人的，應該怎麼講啊？

吳：個人的選擇？

J女士：對。我有這個權利。我應該這樣講，我個人的權利。

三 墮胎何罪？台灣墮胎罪簡史

近代東亞墮胎史，訴說著婦女生育自主性的退步史，以及近代西方法律殖民東亞婦女身體的歷史。不管是在台灣或中國，甚至韓國、日本等東亞地區，墮胎入罪的歷史不過一百多年，要說它是現代化的產物也不為過。在傳統醫療中，醫師沒有權力詢問婦女診療之外的性史，或是性關係。而在嚴守男女之防的舊時代，男性醫師對涉及婦女私密的問診尤感窘困。婦女用藥墮胎，不需先徵求配偶同意，《大清律例》中也沒有這樣的法令規定。經過歷史考察，我們可以發現，法律賦予配偶的墮胎同意權其實是二十世紀的創舉。

母體優先：傳統中國法之婦女墮胎無罪

墮胎何罪？今日人們習以為常的墮胎罪，只是移植百年的舶來品，並沒有長遠的法理淵源。傳統中國法中的「墮胎」，指懷胎婦女的身體損害程度，並非指涉故意以醫療技術或傷害身體的方式，將胚胎排出體外的作為。

從唐到清代，墮胎都只是刑律的鬪毆門的傷害之屬。除了歷代刑度略微增減，法理上並無大異。傳統法的墮胎刑責旨在保護孕婦免於傷害墮胎，保障的主體是墮胎婦女，而非胚胎。胚胎僅是母體的一部分，不是獨立的生命，母胎間的從屬關係極為明確。不論是受迫或是自行墮胎，墮胎婦女都被定位為單純的受害者，因此，墮胎婦女不會是法律懲罰的對象。然而，近代台灣與日本引進的新刑法，改變母胎之間的從屬關係，轉向懲處墮胎婦女，也剝奪了傳統婦女的墮胎法益。

墮胎罪罰化：日本《刑法》刑及墮胎女性

台灣的墮胎罪來自近代日本法典，但日本正式在《刑法》中設立墮胎罪專章，也是晚至明治時期的事。保護女性身體的墮胎法，在日治時期有了大的轉變。近代以前，日本並未嚴禁墮胎，只有少數州藩禁止。若孕婦在懷孕四個月內將胚胎排出體外，不算墮胎，也未觸法。明治革新後，政府亟欲增加人力及軍力，借鑑法國、德國刑法，禁止避孕及墮胎。台灣繼受成為日本殖民地後，殖民政府也對醫療專業人員頒布墮胎禁令及要求協助政府監控。

《中華民國刑法》：授予醫師合法墮胎權力

日治時期，女性被剝奪原有的墮胎自主性。但基於保全母體生命的醫療因素，法律網開一面。民國時期實施的《中華民國刑法》與近代日本刑法有相當大的淵源，同樣設有墮胎罪一章，禁止墮胎。一九三四年修法，放寬限制，容許「因疾病或其他防止生命上危險之必要」墮胎者不罰，授與醫師合法的墮胎權力。

一九四五年，國民黨政府來台，沿用了這項法律。在一九八四年放寬墮胎限制的《優生保健法》通過前，女性或許都能找到願意為她們墮胎的醫師。但在違法及不平等的醫病關係下，女性多無法爭取應有的醫療權益，只能默默承擔墮胎造成的傷害。

整體來說，近代《刑法》的墮胎罪實則剝奪女性原先擁有的法律利益，其由上而下及男性主導的本質，讓法益受損的女性無從置喙。之後歷經多次變革，先是醫師取得醫療授權、接著男性配偶也在《優生保健法》通過後取得墮胎同意權，想墮胎的女性仍須經由層層關卡才能達成目的。可見從全面禁止，再逐步修法開放，女人的生育自主權益終非修法者關切所在。

母體優先——傳統中國法之婦女墮胎無罪

唐律 (618-907 年)

自唐代刑律起，並未罪及自主墮胎婦女；毆傷孕婦導致墮胎，等同用刀傷人、折斷他人骨頭，或是弄瞎他人眼睛等傷害。胚胎有如牙齒或眼睛等身體部分器官，並非獨立的生命個體。傷及婦女墮胎者，依法須服徒刑兩年。墮胎的傷害罪成立，須符合辜內子死及胚胎成形的兩個要件。保辜期限為五十日，保辜雖以期限內流出胚胎大小論罪，前提是孕婦存活才能論處。墮胎保辜目的在保障墮胎的母體，胚胎非「人」，惟因附屬母體，才有連帶保障。若孕婦在期限內死亡，就不計體內胚胎生死。「限內母死」，就「不計子之生死」，所以在傳統法並無孕婦墮胎死亡，一屍兩命的說法。

宋律 (960-1279 年)

宋律論刑最重，即使是胚胎未成形的傷害墮胎罪亦罰杖一百。

元律 (1271-1368 年)

元律大抵從宋律，墮胎仍屬鬪毆傷害範疇，刑度降低，僅責罰杖七十七下。元律加強醫藥管制，禁止販售墮胎藥及不通醫理的人為婦女墮胎，但未禁止通醫理者為婦女墮胎或是婦女自行墮胎。

明律 (1368-1644 年)

一反元律，《大明律》再次加重墮胎的傷害罪刑罰，刑度較接近宋律，但減徒刑一年，懲處傷及婦女墮胎者杖八十，徒兩年。

清律(1644-1911年)

大抵沿用明律，但更明確地規範胚胎必須受孕九十日以上並具備人形才構成墮胎罪。一九〇七年，以日本《刑法》為本的《大清新刑律》，賦予「墮胎」新義，墮胎不再只是造成婦女傷害的輕重程度，也非危害一人身體或一家一戶自然孳生財產之事，而是攸關國家社會利益的罪行，也將原先不受法律管束的婦女墮胎作為從私領域拉到公領域中，成為必須懲罰的罪行。婦女從承受傷害墮胎的無辜受害客體，成為墮胎罪的犯罪主體。根據《大清新刑律》第三百十七條，婦女若自行墮胎，不管所採手段為何，都必須處以五等有期徒刑或是一百圓以下的罰鍰。五等有期徒刑為一個月以上，一年以下徒刑。

墮胎罪罰化——日本《刑法》刑及墮胎女性

1895年

日本領台後，台灣繼受日本《刑法》，墮胎罪罰化。依日本《刑法》墮胎罪規定，女性墮胎處一年以下徒刑，無醫療執照者為懷孕女性墮胎者，視為共犯，處兩年以下徒刑；如果女性因墮胎死亡或有所損傷，刑期可長達五年。醫師、產婆、藥劑師為女性墮胎者處五年以下徒刑，若女性因墮胎死亡或損傷，則可處七年以下徒刑。

1912年

「台灣賣藥營業取締規則」，禁止藥商廣告暗示墮胎功效。

1921年

「台北州醫生取締規則」，要求醫生對於四個月以上的死產胎兒，死因可疑者，須向警察申報。

《中華民國刑法》——授予醫師合法墮胎權力

1945 年

中華民國《刑法》（一九三四）「墮胎罪」修正，新增但書：懷胎女性「因疾病或其他防止生命上危險之必要」而墮胎者免除其刑。

1968 年

行政院通過《台灣地區家庭計畫實施辦法》。

1984 年

《優生保健法》立法通過，墮胎合法化。懷孕女性經診斷或證明有下列情事之一，得依其自願，施行人工流產：

1. 本人或其配偶患有礙優生之遺傳性、傳染性疾病或精神疾病者。
2. 本人或其配偶之四親等以內之血親患有礙優生之遺傳性疾病者。
3. 有醫學上理由，足以認定懷孕或分娩有招致生命危險或危害身體或精神健康者。
4. 有醫學上理由，足以認定胎兒有畸型發育之虞者。
5. 因被強制性交、誘姦或與依法不得結婚者相姦而受孕者。
6. 因懷孕或生產，將影響其心理健康或家庭生活者。

未婚之未成年人或受監護或輔助宣告之人，依前項規定施行人工流產，應得法定代理人或輔助人之同意。有配偶者，依前項第六款規定施行人工流產，應得配偶之同意。但配偶生死不明或無意識或精神錯亂者，不在此限。第一項所定人工流產情事之認定，中央主管機關於必要時，得提經優生保健諮詢委員會研擬後，訂定標準公告之。

附錄：簡表

※此簡表由編輯團隊整理，僅列出本書收錄內容提及的重要大事紀，以利讀者對墮胎罪沿革與時空背景建立基礎認識。如讀者有意願深究，可以再參照本書提及的相關研究與學者論述。

1934年

中華民國於一九三四年制定《刑法》，並於一九三五年公布施行，其中包含墮胎罪相關條款（第二八八條至二九二條）。這部《刑法》後來被帶到台灣，適用於台澎金馬地區的國民。

1945年

中華民國《刑法》（一九三四）「墮胎罪」修正，新增但書：懷胎女性「因疾病或其他防止生命上危險之必要」而墮胎者免除其刑。

1968年

行政院通過《台灣地區家庭計畫實施辦法》。

1979年7月

婦運人士、醫師、律師、作家、法學家等聯合發表聲明，要求「徹底讓墮胎合法化」。

1982年

《優生保健法》草案中刪除「子女人數眾多影響家庭生活」的之經濟事由，改為「懷孕或生產影響（身）心理健康或家庭生活」。

1984年

台灣通過《優生保健法》，作為《刑法》墮胎罪的例外，有條件允許墮胎。這個法案被認為是當時為了抑制人口增長和重視「人口素質」而制定的。

- 1999 年：《刑法》修正，將「強姦罪」改為「強制性交罪」，《優生保健法》也隨之修正。
- 2000 年：RU-486（美服培酮，Mifepristone）在美國及台灣合法上市。
- 2002 年 6 月：台灣《民法》修正，改變過去「婚後夫可以管理、使用、收益、處分妻之財產」的規定。
- 2013 年：《優生保健法》主管機關從衛生署改為衛生福利部，《優生保健法》隨之修正。
- 2019 年：台灣高等法院高雄分院判決一婦產科診所醫師因提供未成年少女 RU-486 墮胎藥，未經法定代理人同意，依意圖營利加工墮胎罪處有期徒刑。
- 2022 年 6 月 24 日：美國聯邦最高法院推翻「羅訴韋德案」，引發全球關於墮胎權的討論。
- 2022 年：衛福部曾提出《生育保健法》草案，刪除已婚婦女墮胎需配偶同意的規定。
- 2024 年 10 月 29 日：法務部預告修正《刑法》墮胎罪，擬提高罰金，引發台灣社會強烈反彈。
- 2024 年 11 月 5 日：法務部撤回修正草案，承諾再研議。

chapter 8 :

醫療 | Medical in Abortion

關於人工流產的 Q&A

烏烏醫師 | 婦產科醫師

一個長得像運動員的婦產科醫師。被新生兒爽朗的哭聲療癒、享受陪伴女性成為媽媽的過程。熱愛訓練推廣運動，希望成為一個持續傳遞正確知識與能量的人。著有《孕動．孕瘦》、《無框身體》、《好孕做自己》。主持 Podcast 節目：烏烏陪你聊。

Q 月經遲來很久，我懷疑我懷孕了怎麼辦？

驗孕！

婦產科的第一課：只要還有月經、有性行為，你就有懷孕的可能性。

市售的驗孕棒利用偵測尿液中人類絨毛膜促性激素（當數值大於五十，第二條線就會浮現），來判斷是否懷孕。

驗孕棒呈現兩條線就代表懷孕了！

※本文由編輯團隊整理問題，並邀請專業婦產科醫師回覆與說明，希望能讓讀者對於人工流產的實務情況有所參照。但如果讀者們有關於人工流產的疑問或需求，仍建議尋找可信任的婦產科醫師給予專業且個人化的評估建議。

Q 決定終止妊娠前，我需要確認／考量哪些事情？

自責、愧疚、害怕——無論最終的選擇是什麼，這都是一個艱難的決定。希望這本書，或是身邊的人，能夠給你支持與勇氣。但最終，無論選擇生與不生，這個決定只有你自己能承擔。

在做決定之前，你可以問問自己：

- 目前的我，準備好成爲媽媽了嗎？
- 我的生活中，是否想要多一個孩子？
- 現在這個階段，多一個孩子會帶給我多大壓力？
- 懷孕的過程，我的身體會經歷哪些變化？

• 以我的身體條件，懷孕與生產的風險高嗎？

醫師可以協助評估你的生理風險，伴侶與家人可以提供意見與育兒的承諾。但在這個決定裡，最重要的人是你自己，要承擔最大責任的也是你自己。

所以，請務必把自己放在優先考量的位置。這不是自私，而是務實。你的選擇，值得被尊重，你的感受，也應該被重視。

Q 終止妊娠一定要去看醫生嗎？能不能去藥局買藥自己吃就好？

在台灣，避孕藥、事後避孕藥，甚至流產藥物（RU-486），在某些藥局確實有可能取得，但這樣的方式潛藏極大的風險，並不建議。

雖然藥師具備藥物專業，能夠提供正確的藥物衛教，但流產藥物的使用不只是「吃對藥」這麼簡單，還涉及個別孕婦的健康狀況、懷孕周數、胚胎位置等醫療判斷。

且不是每次懷孕都適合藥物流產，若是子宮外孕（如輸卵管妊娠），藥物無法有效終止妊娠，反而可能導致致命性出血。藥物流產亦僅適用於懷孕七周以內。另外在服藥後，仍需醫師透過超音波確認胚胎是否完全排出，避免組織殘留導致持續出血與感染。因此最安全的藥物流產，應是先透過醫師評估，確認懷孕周數與胚胎位置，並在醫療專業指導下服藥與後續追蹤確認子宮內已無妊娠組織。

Q 怎麼知道懷孕周數？懷孕幾周可以人工流產？

計算懷孕周數主要有兩種方式：

1. 利用生理周期推估

由於我們無法確切知道精卵受精的時間或胚胎何時著床，臨床上通常以最後一次月經的第一天作為懷孕的起算日。

- 三十七周算足月，四十周是預產期
- 月經過期時，懷孕周數即爲四周
- 懷孕五周：超音波可看到胚囊（黑色小點）
- 懷孕七周：可看到胎心跳的閃爍

2. 利用超音波校正周數

如果女性忘記月經周期、周期不固定、或周期偏長，單純依靠生理周期推估可能不準。這時，醫師會利用超音波測量胎兒大小來推算懷孕周數與預產期。

- 常見計算方式：

頭臀長度（CRL）+ 6 = 懷孕周數

例如，頭臀長度一公分時，懷孕約七周。

但需要注意的是，胎兒越小，超音波推算的周數越準確。因此，若需校正懷孕周數，建議在懷孕三個月內進行，會比較精確。

根據台灣優生保健法的規定，二十四周以內皆可合法施行人工流產手術。但假設妊娠超過二十四周，有重大醫療考量則不在此限，例如晚發型胎兒異常，繼續懷孕會嚴重影響孕婦身心狀況。

Q 人工流產有哪些方法？

• 藥物流產

第一階段：

由醫師評估懷孕周數，確認適合藥物流產後服用美服培酮（Mifepristone，常見商品名 RU-486），此藥物會阻斷黃體素作用，使胚胎無法繼續發育，鬆動胚胎著床。服藥後的副作用主要為噁心嘔吐，大部分人不會立即出血。

第二階段（通常在二十四至四十八小時後）：

服用米索前列醇（Misoprostol），促使子宮收縮並排出胚胎組織，服藥後約三十分鐘至數小時內開始出血，可能伴隨腹痛、血塊排出，類似月經或自然流產的過程，出血量則因人而異，通常會比月經多，但幾天後逐漸減少。

後續觀察與追蹤：

約一至兩周後回診，醫師會透過超音波檢查，確認子宮內組織是否完全排出。

• 眞空吸引術

麻醉後使用鴨嘴擴張子宮頸，使用擴張棒打開子宮頸，置入細吸引管，啟動真空裝置，將胚胎組織吸出，術中以超音波檢查確認子宮內組織清除乾淨，休息觀察後出血穩定即可返家。

• 子宮擴刮術

擴刮術方法和真空吸引術大致相同，差異在於是採用器械（類似刮勺）刮除胚胎。對子宮內膜傷害相對較大。

• 引產

利用藥物軟化子宮頸及促進子宮收縮，子宮頸全開後，透過子宮收縮力量將胎兒分娩出。

胎兒娩出後，醫師會協助胎盤排出，視情況清除子宮內殘餘組織。

人工流產方法介紹

	藥物流產	真空吸引術	子宮擴刮術	引產
適合周數／條件	懷孕七周以內	七到十三周	同左	十三周以上
所需時間	二至三次門診	十分鐘至半小時	同左	十二小時至三十六小時，視子宮頸進展速度
費用	八千至一萬	一萬至兩萬	同左	兩萬以上
手術與否	免手術、免麻醉	需進行麻醉手術，無痛	同左	免手術、通常無傷口
術式須注意事項	子宮收縮的疼痛（可使用止痛藥）	需麻醉	同左	花費時間長、疼痛（可視情況使用減痛分娩）

Q 人工流產可以用健保看診嗎？用健保的話會不會留下就診紀錄？之後報稅或去其他醫院看診會被家人發現嗎？

不管是藉由藥物或是手術，自願流產目前都無法使用健保資源。因此理論上健保系統查不到此紀錄。

但懷孕生產流產次數，以及流產原因都屬於產科相關重要病史，若你擔心在日後問診被家人得知流產經驗，我會建議你單獨就醫或是在家人陪同前，告知醫師過去的孕產史需要被保密。

Q 藥物流產？人工流產手術？該怎麼選擇要用哪種方法？

當面臨藥物流產與人工流產手術的選擇時，懷孕周數是決定方式的關鍵因素之一。

藥物流產通常適用於懷孕七周以內。若超過七周，即使提高藥物劑量，仍可能無法順利排出胚胎組織，增加流產不完全的風險，最終可能仍需透過手術處理。

人工流產手術則適用於超過七周的孕程，此時藥物流產的成功率下降，手術可在即時超音波監測下，確保胚胎與妊娠組織完整排出，降低殘留導致併發症的風險。

此外，即使懷孕尚未超過七周，若擔心藥物流產過程中的劇烈子宮收縮疼痛與大量出血，或希望在麻醉狀態下完成流產，也可以選擇人工流產手術。最重要的是，應與醫師充分討論自身的狀況與需求，選擇最適合的方式。

Q 哪些情況（生理、疾病或心理）會不建議進行人工流產手術？

人工流產手術使用的是靜脈舒眠麻醉，風險極低，對於健康無特殊慢性病的女性來說，通常不會有禁忌。因此，需要考量的反而不是醫療，而是女性是否得到足夠的資訊，以及自身的選擇與意願。

過去有些觀念認為，懷孕期間如果曾經照X光、吃感冒藥、抽菸或喝酒，就一定不能繼續懷孕，必須選擇終止妊娠，但這其實並不正確。

- 絕大多數藥物和少量X光照射，對胎兒不會產生嚴重影響。
- 懷孕期間確實應該避免抽菸、喝酒，但這些影響通常需要長時間、大量累積才會造成影響。

是否進行人工流產，最重要的還是女性的意願。如果對懷孕的影響有疑慮，應諮詢信任且友善的婦產科醫師，讓他陪著你做出最適合你當下的選擇。

Q 術後多久可以恢復上班（上課）？要坐月子嗎？

許多人擔心人工流產後需要長期休養或「坐月子」，但從醫學角度來看，只要沒有不適，隔天就能恢復正常生活，沒有什麼禁忌。

• 手術後多久可以上班？

人工流產手術時長約十分鐘至半小時，加上麻醉恢復，總共約一至兩小時。怕麻藥影響判斷及反應，手術當天不適合開車或從事精密工作。隔天如果沒有明顯不舒服，就可以正常上班。其實流產術後的體感類似生理期第一天。外觀上不會有明顯變化，若不想讓同事知道，基本上不會被察覺。

• 需要坐月子嗎？

那就得先釐清「坐月子」的目的。坐月子是幫助產後身體恢復、補充營養、預防大出血，但人工流產與生產不同，手術沒有表皮傷口，復原時間短。懷孕周數小，子宮並未明顯變大，不需像產後一樣額外調養。醫療端會開立子宮收縮劑，幫助組織排出，並不需要喝生化湯或特別進補。

• 術後真正該注意的事

比起「坐月子」，術後應重點關注：組織是否完全排出，避免流產不完全。

術後出血通常兩周內結束，若持續大量出血應就醫，腹痛也應越來越不明顯，若持續須留意是否合併感染跡象（如發燒、異常分泌物）。

在仍有出血的狀態下，避免性行為與游泳，以防感染。

● 流產後一定要喝補湯嗎？

醫學上沒有必要，因為手術中出血量通常不超過五十cc，不需要特別補充營養，維持均衡飲食即可。但假使補湯能帶來心理安慰，也沒有壞處。但千萬不要因擔心沒有進補影響日後懷孕，因為這就僅是商人的話術，流產後需關注的是組織是否排乾淨、月經是否回歸正常，若有異樣請儘速就醫排除子宮沾黏的可能性。

總結一下！

人工流產後，若無不適，隔天即可恢復日常生活，不需要坐月子。關鍵是觀察身體狀況，確保恢復順利，而非遵循沒根據的禁忌。

Q 人工流產會失敗嗎？失敗了怎麼辦？

只要是手術，都有可能會失敗。雖然機率極低，人工流產當然不例外。雖然風險低又有超音波輔助，手術當下還是可能無法將組織完全清除乾淨，導致「不完全流產」。

最常見的原因是胚胎附著過緊，超音波影像品質不佳，導致手術時無法一次完整移除所有組織。

如果術後追蹤發現子宮內仍有殘留組織，可以透過子宮鏡手術處理。此方式乃利用內視鏡直接觀察子宮內部，並精準移除殘留的妊娠組織，同時避免反覆刮除對子宮內膜造成過多損傷。

因此，得一再提醒的是，手術後如有異常出血、持續腹痛或感染跡象，應盡快回診確認恢復情況。

Q 人工流產手術傷身嗎？會有後遺症嗎？會不會影響以後懷孕？

廣義來講，只要是外科手術一定會「傷」身。也就是傷及正常組織。例如婦產科最常見的剖腹產、子宮肌瘤切除術，為了要分娩或移除腫瘤，子宮到肚皮都會有好幾層的傷口，因此手術後，醫療端會提供點滴、抗生素預防感染，產婦、病人也會被鼓勵多休息、吃營養、漸進式恢復作息，這些都是為了良好的術後復原。

那人工流產手術呢？

相對於上述婦產科手術，這項術式所需手術時間短、失血少、沒有表皮的傷口，技術門檻較低，是所有婦產科醫師皆會執行的入門手術，因此相對不「傷」身。再加上這二十年來超音波的技術與設備普及，絕大部分醫師可藉由即時影像精準地將妊娠組織吸出來，無需利用器械刮子宮，因此可大幅降低子宮穿孔、破壞正常內膜導致沾黏的機率。

再來就是子宮內膜是一個擁有極強修復力的組織，畢竟每次生理周期都是內膜的剝落再修復。手術後，隨著懷孕相關荷爾蒙的下降，卵子會再次慢慢成熟刺激內膜增厚，因此人工流產手術幾乎不會留下後遺症。

Q 那爲什麼聽說有些人接受人工流產術後就不孕了？我如果想再懷孕，該留意什麼？

「人工流產手術會導致不孕」這個說法流傳已久；但事實上，絕大多數情況下，手術並不會影響生育能力。

研究證實，曾接受人工流產的人，日後不孕的比例並沒有更高。現在的手術主要採用真空吸引術，大幅減少對子宮內膜的傷害，除非手術過程中造成內膜破壞或子宮內膜沾黏，才有可能影響受孕。

但值得注意的是，不孕的原因有很多，並不只是流產手術本身，例如：

- 年齡因素：卵巢功能自然衰退、卵子品質下降
- 結構問題：輸卵管阻塞、子宮沾黏、子宮內瘜肉或肌瘤影響著床
- 男性因素：精蟲數量或活動力不足

所以，與其把懷孕困難完全歸咎於流產手術，更重要的是找出真正的原因，對症處理。

術後若想再懷孕，我會建議觀察月經變化：

- 如果月經遲遲不來，或經血量驟減，可能與子宮內膜沾黏有關，此時應安排超音波或子宮鏡檢查，確保內膜健康。
- 如果眞的有沾黏，也可以透過子宮鏡手術治療，降低未來不孕的風險。

Q 所有婦產科都可以進行人工流產嗎？會不會被醫生拒絕？

有可能，雖然人工流產手術並不複雜、無需昂貴的醫療儀器，但目前在台灣仍有許多醫師基於個人因素（宗教信仰為主）拒絕施行相關手術。

因此我一直在倡導的是，每個女生都要儘早建立自己的婦產科支持系統，找到長期信任的婦產科醫師，即使他無法協助你，也能根據你的需求將你轉診到合格安全的醫療院所。

Q 我該怎麼決定要在哪間醫院或診所進行流產？有什麼標準可以評估？

選擇合適的醫療院所，能讓手術過程更安全、順利，減少併發症風險。

挑選時可以從以下幾個重點考量：

1.由婦產科專科醫師親自執刀

確保手術由有經驗的婦產科醫師進行，降低手術風險。

2.麻醉專科醫師全程陪伴

手術部分風險來自麻醉，因此應確認醫療院所有麻醉專科醫師在場監控，確保麻醉過程安全，並即時處理可能發生的不良反應。

3.手術室內有超音波輔助

手術過程中，醫師透過超音波確認子宮腔內的組織是否完全清除，能大幅降低流產不完全的風險，避免後續併發症。

4. 讓你感到安心、尊重你感受的婦產科醫師

除了專業技術，醫師的態度與信念也很重要。選擇一位讓你感到安心放鬆的醫師能減少術前術後的焦慮與不安全感，進而讓術後的衝擊與創傷大幅降低。（至少不要二次傷害吧?!）

Q 未成年或未滿二十歲可以進行人工流產嗎？幾歲可以自己簽同意書就好？一定要父母同意嗎？一定要讓配偶知道嗎？

從民國一一二年起《民法》已修訂十八歲以上即為成年人，可以自行簽立同意書，無需父母同意。十八歲以下則需法定監護人同意。

根據本書付梓前尚未修改的《優生保健法》，已婚女性要接受人工流產手術需徵求配偶同意，所以許多醫療院所皆規定，服用藥物流產或接受人工流產手術，配偶皆須到場。

Q 給正在考慮、或曾經終止妊娠者的話？

不捨、愧疚、自責、憤怒、害怕、不安，或許還有一點點解脫。

終止妊娠，可能是你至今人生中最艱難的選擇。

面對排山倒海而來的情緒，希望你能相信——

這是你在現階段，為自己做出的最好決定。

走過這場情緒風暴之後，我也想提醒你，

也許這是一個契機，讓你重新審視自己：

- 你的避孕知識是否足夠？
- 生兒育女對你的人生，意義是什麼？
- 你身邊的關係，是支持你、滋養你，還是讓你受傷？

請記得，不論你怎麼選擇，你永遠有權利被好好對待，也值得擁有更溫柔、更自由的未來。

女巫書系 Witches 01
以爲無人傾聽的她們：台灣首部人工流產文集

主　　編｜吳曉樂
作　　者｜胡淑雯、張嘉真、徐珮芬、鄧九雲、吳曉樂、陳宜倩、吳燕秋、梁秋虹、烏烏醫師
選題策畫｜鸚鵡螺小組　責任編輯｜羅海奇、郭姵妤　行銷企畫｜陳詩韻　問卷訪談顧問｜崔含葦
封面設計｜馮議徹　內文排版｜陳政佑

印刷｜漢藝有限公司
初版一刷｜2025 年 6 月
定價｜520 元
ISBN｜978-626-99522-6-7（平裝）

出版者｜游擊文化股份有限公司
電子信箱｜guerrilla.service@gmail.com
網站｜https://guepubtw.com
Meta｜http://www.facebook.com/guerrillapublishing2014
Instagram、Threads｜@guerrilla296
法律顧問｜王慕寧律師
總經銷｜前衛出版社 & 草根出版公司
地址｜104 台北市中山區農安街 153 號 4 樓之 3
電話｜02)2586-5708
傳真｜(02)2586-3758

國家圖書館出版品預行編目（CIP）資料

以為無人傾聽的她們：台灣首部人工流產文集
吳曉樂主編；胡淑雯、張嘉真、徐珮芬、鄧九雲、吳曉樂、陳宜倩、吳燕秋、梁秋虹、烏烏醫師著
——初版——台北市：游擊文化，2025.06
388 面；21x14.8 公分（Witches 01）
ISBN 978-626-99522-6-7（平裝）
1.CST：人工流產
544.48　　114004476

There is Always Someone Listening：Taiwan's First Anthology on Abortion

• About the Book •

Abortion is an experience shared by millions of women worldwide. In Taiwan, conservative estimates suggest that tens of thousands of women undergo the procedure each year. Yet because of guilt, shame, and the stigma and taboos deeply rooted in traditional culture, their stories are rarely told.

"Silence does not mean absence."

There Is Always Someone Listening is Taiwan's first interdisciplinary anthology focusing on women's experiences with abortion. Curated and edited by renowned writer Wu Xiaole, it brings together a collection of female voices from Taiwan's contemporary literary and academic scenes.

Through fiction, poetry, plays, interviews and scholarly essays, covering literature, law, history, and medicine, this anthology delicately explores the emotional and intellectual journeys women go through when facing reproductive choices. This book gives voices to unspoken stories, inviting readers to reflect deeply on women's reproductive autonomy.

The anthology is divided into two parts.

Part One features fiction, poetry, and plays that employ diverse literary forms, to either portray abortion experiences or to find common ground among different and often unrelated stories. Approaching abortion from multiple perspectives, these works imagine what comes before and after, reflect on the body, the self, and one's relationships with others, and create evocative scenes that open up intergenerational dialogues and philosophical debates across three generations.

Part Two presents the true stories of thirteen interviewees from diverse social backgrounds who made choices under varying life circumstances. This part also explores the legal and historical dimensions of abortion in modern Taiwan. Topics include its criminalization; the rise in religious and cultural "spirit baby" rituals, which are practices aimed at appeasing the spirits of aborted fetuses; and the evolution and debates surrounding abortion laws in the Criminal Code and the Genetic Health Act through the lens of legislative development and gender politics, while considering possibilities for legal reforms. In addition, medical professionals provide insights on abortion procedures and answer questions that women may have when considering an abortion.

"There are tree hollows in this world that listen to forbidden stories. Yet if we lose faith that our words have somewhere to land, we may fall completely silent. I hope this anthology can be a beginning—an invitation for more hearts willing to listen."— Wu Xiaole (Editor / Interviewer)